AF499066

LES VOYAGES AVANTVREVX DV CAPITAINE MARTIN DE HOYARSABAL,

Habitant de Çubiburu.

Contenant les Reigles & enseignemens necessaires à la bonne & seure Nauigation.

Reueu & corrigé en ceste derniere impression, & augmenté de la declinaison du Soleil, qui a esté faite suiuant la reformation du Calendrier de l'an mil cinq cens quatre-vingt deux.

A BOVRDEAVX.
Par GVILLAVME MILLANGES, Imprimeur ordinaire du Roy.

M. DC. XXXIII.

L'IMPRIMEVR AV LECTEVR.

IE te prie, amy lecteur, me tenir pour excusé, si en ce present Traicté, ou Routier des Mariniers, il y a plusieurs mots de diuers langages & de diuers orthographes; la raison est que l'Autheur de ce present Liure n'est pas Fraçois: mais est Basque des frontieres d'Espagne, & a voulu qu'il fust imprimé en ceste mesme sorte comme sa copie estoit escrite, ce que i'ay faict en collationnant sur sa coppie, au grand contentement dudit Autheur.

LES MATIERES CONTENVES és voyages auantureux du Capitaine Martin de Hoyarſabal, habitant de Cubibure.

V NOM DE DIEV le Pere, & du Fils, & du Sainct Eſprit, Ainſi ſoit-il.

Sçaches qu'en ce preſent liure ſont compriſes les routes, lieues, ſondes, marées, entrées, cognoiſſances & hauteur. Soit pour le Leuant, Eſpagne, France, Bretagne, Normandie, Picardie, Flandres, Angleterre, Hirlande, Eſcoſſe & Terreneufue, tout au long, ainſi qu'il eſt eſcrit, ſoit pour vn chacun maiſtre Pilote qui va ſur la Mer, ſoit pour ſe garder des lieux dangereux : & premierement pour le Leuant tout au long.

Çaches que ſi tu veux poſer dans Sparcel de Leuant, poſe à 15. ou 16. braſſes, mais il n'eſt pas trop net.

Sçaches que ſi tu veux poſer dans Tariffe de Leuant, poſe deuers L'oeſt de la ville à trauers des Sablieres à 15. braſſes.

Sçaches que ſi tu veux poſer à la pointe del Carnero, de Ponant, poſe à trauers des Sablieres à 18. braſſes.

Sçaches que ſi tu veux poſer en Gibaltar, poſe à 5.

brasses deuant la porte de la ville.

Sçaches que si tu veux poser à la tour d'Alporiz à la terre, posse à 20. brasses.

Sçaches que si tu veux poser en Fougyrole de Ponant, pose à trauers du Chasteau à 15. brasses.

Sçaches que si veux poser aux moulins de Malege, de Ponant, pose à 10. brasses, & mettras le cap au Su. Et si tu veux poser deuant la cité de Ponant, pose à 7. brasses

Sçaches que si tu veux poser à Albenaçar de Ponant, & de Leuant y a bon fonds d'Alporiz à terre.

Sçaches que si tu veux poser dans l'Isle de Calubena de Leuant, entre par quelle part de l'Isle que tu voudras: car tout est sain, & pose à l'abry de l'Isle à 7. brasses, & d'Alporiz à l'Isle.

Sçaches que si tu veux poser en Castillo de Fero de Ponant, pose à 15. brasses.

Sçaches que si tu veux poser à Aguoardoelemyac de Leuant, pose à 20. brasses, le Suest te viendra par la pointe.

Sçaches que si tu veux poser aux Rocques de Ponant, pose à 10. brasses, le Suroest te viendra par la pointe.

Sçaches que si tu veux poser en Almerie, pose à 7. ou à 8. brasses.

Sçaches que si tu veux poser à cap de Gata de Leuant, pose à 22. brasses, & garde toy d'vne bache qui est au cap à trauers d'vne terre rompuë qui est toute blanche.

Sçaches que si tu veux poser au port de Geliobes, pose à 18. brasses de Ponãt, & si tu veux poser en les Frayres, pose à 15. brasses, le Suroest te viendra par la pointe.

Sçaches que si tu veux poser en Mosa de Coldan, pose à 20. brasses, le Su te viendra par la pointe.

Sçaches que si tu veux entrer en Magaron, entre ioinct à la terre de Ponant, & pose à 10. brasses, & deras Alporiz à la terre de Ponant, ce port est deuers le Suroest de Cartagene.

Sçaches que si tu veux entrer dans Cartagene de Ponant, entre par le milieu, & t'approche de la terre de Ponant, & garde toy d'vne bache qui est au milieu de l'ancraison, verras Alporiz à la terre de Ponant, & poseras à 6. brasses.

Sçaches que si tu veux entrer dans Cartagene de Leuant, entre par dedans l'Isle, & iras poser deuers le Ponant, comme dit est.

Sçaches que si tu veux poser au cap de Palos de Ponant, pose à 15. brasses.

Sçaches que si tu veux poser à l'Isle de Groce de Leuant, pose à l'abry de l'Isle à 7. ou à 8. brasses.

Sçaches que si tu veux poser au cap d'Almux de Leuant, pose à trauers de la Tour, à 5. brasses.

Sçaches que si tu veux poser dans Alicante, & y aller de Ponant, tu pourras entrer par dedans l'Isle, & troueras 6. brasses, pose au deuant de la ville à 6. brasses.

Sçaches que si tu veux poser en Morianne de Leuant, pose à 12. brasses.

Sçaches que si tu veux entrer au cap de Myne de Ponant, pose à 15. brasses.

Sçaches que si tu veux poser en Denya, pose deuant la ville, & prens la marée.

Sçaches que si tu veux poser dãs la playe de Valencie, pose à 7. brasses, & si tu veux poser plus au large de 6. brasses, il est tout salle.

Sçaches que si tu veux poser au cap d'Oropesa de Leuant, pose à 15. brasses.

Sçaches que si tu veux entrer dans les Affacques de Tortosse, entre par le milieu : car tout est sain au bord des salines à 5. brasses.

Sçaches que si tu veux poser au cap de Leuant deuers Arim à la pointe, pose à 12. brasses.

Sçaches que si tu veux poser en Taragonne de Ponant, pose à 7. brasses.

Sçaches que si tu veux poser dans la playe de Barselonne de Ponant, pose deuant la ville à 10. brasses.

S'ensuyuent les routes commençant de Calix à la Buelte de Leuant.

Sçaches que gisent Calix & Trafaga, Nornordest, & y a 10. lieuës.

Gisent Calix & Sparcel Nort Noroest, & Su Suest, y a 16. lieuës.

Gisent Trafaga & Sparcel, Nort & su quart de Noroest & Suest, y a dix lieuës.

Gisent Trafaga & l'Isle de Tariffe, est suest & oëst noroest, y a 6. lieues.

Gisent la bache qui est à trauers de la pene Delcurbo & de l'Isle de Tariffe, & la myne de cente, est Nordest, & Oest suroest, y a 7. lieuës.

Gisent la myne de cente & cap de Gata, est Nordest & Oest Suroest, y a 55. lieuës.

Gisent la montagne de Gibaltar & la myne de cente, Nort Norroest & Su suest.

Gisent la montagne de Gibaltar & la Guimynere, Nort & su quart de Nordest & Suroest.

Gisent la montagne de Gibaltar & le cap de Gata, Est & Oest quart de Nordest & Suroest, y a 55. lieuës.

Gisent la montagne de Gibaltar & les moulins de Malege, Nordest & Suroest, y a 118. lieuës.

Gisent cap de Gata & cap de Pallos, Nordest & Suroest, y a 36. lieuës.

Gisent cap de Palos & cap de myne, nort nordest & su suroest, y a 30. lieues.

Gisent cap de Palos & cap Dalunz, Nort & Su, y a 14. lieuës.

Gisent cap Dalunz & Alicante, Nort & Su, y a 2. lieuës.

Gisent la pointe de Carnero & la myne de cente, Noroest & Suest.

S'ensuyuent les routtes de Bayonne de France, iusques à Caliz.

Sçaches que gisent le Bocal de Bayonne & le Figuer, Nordest & Suroest quart de Nort & Su, y a 10. lieuës.

Gisent le Figuer & Machichaco, Est & Oest, y a 18. lieuës

Gisent Machichaco & le haure de Laredo, Est Nordest & Oest Suroest, y a 12. lieuës.

Gisent Machicaco & les penes de Mocon, Est & Oest y a 50. lieuës.

Gisent les Penes de mocon & Aribaden, nordest & suroest quart de l'est & oest y à 18. lieuës.

Gisent l'Isle de Sainct Sabrian & le haure d'Aribaden, est suest oest norocst y à 5. lieuës.

Gisent les estacas d'Ortiguere & bayres & les penes de mocon est & oest, prends du nordest & suroest y a 32. lieuës.

Gisent les estacas d'Ortiguere & prior nordest & suroest y à 8. lieuës

Gisent cap de Bayres & les estacas d'Ortiguere est & oest y à 3. lieuës.

Gisent l'arbre de sudero & Prior nordest & suroest y à 4. lieuës.

Gisent Prior & sainct François de la Corrunne, nort & su y à 4. lieuës.

Gisent Prior & cizarge, est nordest & oest suroest y à 8. lieuës.

Gisent le haure de Ferrol & cizarge est & oest y à 6. l.

Gisent cizarge & la turyane, nordest & suroest, prẽds vn peu plus de l'est & oest y a 8 lieuës.

Gisent le billan de mongie & la turyane, nordest & surroest, prends vn peu de nort & su y à 3. lieuës.

Gisent la turyane & le cap de Finisterres, nort & su: y à 2. lieuës.

Gisent le cap de Finisterres & les isles de Bayonne noroest & suest quart de nort & su: y à 16. lieuës.

Gisent le cap de Finisterres & la Berlingue, nort & su: y a 56. lieuës.

Gisent le alta de palyca & la Berlingue nort & su: y a 46. lieuës. & prands vn quart de nordest & suroest.

Gisent la poincte de Palycalles & les laichonnes du port de Portugal, nort nordest & su suroest: y à 18. lieuës.

Gisent les laichones du port Portugal, & l'arbre de Mandego, nort & su, prens plus du noroest & suest: y a 18. lieuës.

Gisent le Porte de Portugal & la Berlingue nort nordest & su suroest, y a 24. lieuës & prends plus de nort & su.

Gisent l'alta de montego & la Berlingue, nordest & suroest: y à 18. lieuës.

Gisent la Berlingue & la rocque de cintre, nort & su, y à 12. lieuës.

Gisent la rocque de cintre & le cap despichis, noroest & suest: y a 8. lieuës.

Gisent la rocque de cintre & la poincte de cascalles, noroest & suest, y a 2. lieuës.

Gisent saincte Marie de tabille despichis qui est en l'entrée de desotobal, auec le cap de sainct vincent, nort & su, y a 32. lieuës.

Gisent le cap de sainct vincent & la pointe de saincte Marie dalfaro, est & oest, y à 15. lieues.

Gisent le cap de S. vincent & salmedine est & oest, y à 40. lieues.

Gisent la poincte de saincte Marie dalfaro & salmedine est & oest, y a 26. lieues.

Gisent la poincte de saincte Marie & sainct Sebastien de caliz, est & oest quart de noroest & suest, y à 30. l.

Gisent le cap de sainct vincent & le cap d'Esparcel,

est suest, & oest noroest, y à 55. lieues.

Sensuyuent les entrées des portz d'Espaigne, Commencant du Figuer de Fonterabie iusques à Caliz.

Sçache que si tu veux poser au Figuer de Fonterabie pose à 9. brasses, & descouure l'hospital, le noroest te viendra par la poincte de l'Isle.

Sçache que si tu veux entrer au pasage, ne t'aproche en la terre deuers l'oest par ce qu'il sort vne bache descouuerte qui gist dehors l'entrée, & y à vne autre bache dedans deuers stribour, & te garderas comme dit est, & iras poser a trauers de la ville, qui est deuers l'oest.

Sçaches que si veux entrer dans sainct Sebastian, entre par le milieu, & passeras pres du cap de nordest, & si tu veux aller au cay demeureras à sec.

Sçaches que si tu veux poser en Gatarie & si tu vas de vent d'aual, n'approche point l'Isle de sainct Anton, iusques à ce que descouure la pointe de la ville, & seras à l'Isle quand pourras entrer.

Sçaches que si tu veux entrer à Motrico verras Arin au cap de l'oest, & entre dedans iusques à tant que sois sorty des Polomas.

Sçaches que si tu veux poser au haure de Ondaroe, pose à 13. brasses.

Sçaches que si tu veux poser à Abermeyo, pose à 16. brasses, la paroist le pin de Mondaco.

Sçaches que si tu veux poser dans Portonuebo, prends les deux parts de marée, & si le vent est plus large que oest, sçache qu'il te faut entrer pres de terre, & poseras à trauers de la maison de Martin Lopez.

Sçaches que si tu veux poser en Machichaco poseras à 10. brasses & le nort noroest te viendra par la pointe.

Sçaches que si tu veux poser au Mailhar de plaisance

iras par le plus ſur deuers Stibon, deſcouuriras toute ſanctoua, & quand tu auras deſcouuert ſanctoua te iette-ras deuers le nort l'oeſt noroeſt te viendra par la pointe.

Sçaches que ſi tu veux poſer à la bayere de portugalet, poſe à 10. braſſes en paraiſſant ſainct Auton de caſtro.

Sçaches que ſi tu veux poſer à Caſtro de Verdiales & y aller auec vent d'aual verras arim à l'Iſle de ſainct Ana à demy cable en paroiſſanr le font de la place iras pres de terre, & poſeras à 5. braſſes & engorge bien les cables, parce que il y a rocques en aucuns lieux.

Sçaches que ſi tu veux poſer en Santoua, poſeras à 10. braſſes en paſſant au trauers du ferrac.

Sçaches que ſi tu veux entrer en Laredo, garde toy de la pointe de nordeſt & poſe à 5. braſſes en ſerrant la pointe auec ſantoua.

Sçaches que ſi tu veux poſer en ſainct Ander laiſſe le magre deuers ababour & deſtibour ainſi comme auras le vent & iras par le milieu du haure, & garde toy que tu n'approche trop à lachenal.

Sçaches que ſi tu veux poſer en Sardinero, poſe à trauers de la ſabliere à 10. braſſes & ſi tu veux poſer à l'oeſt de ſainct Martin de Larene poſe à 13. braſſes.

Sçaches que ſi tu veux entrer en ſainct Vincent de la barquere laiſſe l'Iſle diſtibour, & iras pres d'elle, & poſeras deuant la ou ſont les paus.

Sçaches que ſi tu veux entrer arriua des illes tiens toy à la terre de l'eſt, car deuers l'oeſt tout eſt ſec & poſe quand ſeras entré.

Sçaches que ſi tu veux poſer en Caſtaſones poſe à 13. braſſes.

Sçaches que ſi tu veux poſer en Torres poſe à 15. braſſes le noroeſt te viendra par la pointe, & poſeras à trauers du caſtangée.

Sçaches que si tu veux poser à la celle de les penes pose à trauers du sable à 13. brasses.

Sçaches que si tu veux entrer en Pabrie au haure gist vne rocque, & tiendras à la terre de L'est, pose dedans pres de la Tour.

Sçaches que si tu veux poser dans Artedo, & si tu vas auec vent d'aual tu auras bon pos dela au noroest, prẽds le nort, mais garde de t'approcher à la pointe du vent d'aual, ou gist vne bache vas dedans & pose à trauers d'vne terre rouge qui est de vent d'aual, & pose à 5. brasses.

Sçaches que si tu veux poser dans Loarte laisse l'Eglise dababour & pose à 5. brasses, & garde toy d'vne rocque qui gist au milieu de l'entree.

Sçaches que si tu veux entrer dans Riuader garde toy de la pointe de l'oest, & iras à la sabliere tout droict, & trauerse deuers l'oest en te gardant de la pointe grosse, & pose à trauers de la pointe de sainct Michel à 5. ou 6. brasses, & seras en sauueté.

Sçaches que si tu veux entrer en sainct Saurian, laisse l'Isle Dababour, & pose là ou il te plaira.

Sçaches que si tu veux poser au haure Deuiuero, du vent de nordest pose à trauers de la sabliere, à 10. ou 12. brasses.

Sçaches que si tu veux poser à sainct Iean de Couas, descouure la fenestre de l'Eglise, & pose à 5. ou 6. brasses.

Sçaches que si tu veux poser à Vaastelade de l'oest, pourras entrer par dedans la conegeyre.

Sçaches que si tu veux poser dans Bayres pose à trauers des cabanes des pescheurs, à 10. brasses.

Sçaches que si tu veux entrer dans saincte Marte prẽdras deux tiers de marée, & deras arim quand tu entreras au cap de Stibour d'vn cable deuers Ababour, tout est sec, & prendras pour marque, & voiras descouuert les estaches des bayes comme le milieu d'vn crible, & iras par lachenal qui gist en ceste entrée nordest, & suroest, il y a des eaux mortes, deux ou trois brasses de pleine mer.

Sçaches que si tu veux entrer en Cidero, sçaches que le haure gist noroest, & suest, & au milieu du haure descouuriras l'ancraison, il y a vne rocque, qui de deux pars de marée est couuerte, laisse la bache d'estibour, & iras au raz de la terre d'abour, & poseras à trauers de la sabliere à 4. brasses en serrant le cap de nordest auec le cap de noroest.

Sçaches que si tu veux poser au haure de Ferrol à trauers du sable auras celle de l'oest & suroest.

Sçaches que si tu veux entrer en Ferrol entreras par le milieu, iusques à tant que tu sois à trauers de castaual des moulins, approche toy à la terre deuers le nort, & pose à 8. ou 9. brasses.

Sçaches que si tu veux entrer dans la baye de berancos garde toy d'vne bache qui gist au milieu & approche toy de la terre d'estibour, & pose à 5. ou 6. brasses.

Sçaches que si tu veux entrer dans la Crune deras vn petit arim à l'Isle de saincte Anton, puis poseras là ou te plaira à 5. ou 6. brasses.

Sçaches que si tu veux poser en Malpico entre dedãs iusques à 25. brasses, tu seras en celle de Cisarge, & si voulois aller delà en auant par l'est tu entreras bien à la mer par les baches qui sont la.

Sçaches que si tu veux entrer en Comes garde toy des baches du dedans, qui gisent au noroest bien à la mer.

Sçaches que si tu veux entrer dans Mongie par lachenal de la ville, garde toy de la bache qui gist à l'oest noroest deux cables & laisse ceste bache dababour & alargue toy de la premiere pointe, & quand tu auras passé la pointe, serre toy à la terre iusques à ce que tu voyes la tuille de l'Eglise de saincte Marie, & vas ainsi au long de terre au su suroest, pose à 7. ou 8. brasses & bouteras à saincte Marie à l'oest noroest, garde toy que tu n'aille trop au suest parce que y a vne bache au suest de l'ancraison.

Sçaches que si tu veux entrer en Mongie par le carreau de la turiane porteras descouuert la turiane auec le cap de vntre, de longueur d'vne gallere, iusques à tant que descouures à saincte Marie de Mongie & despuis va à l'ancraison comme dit est.

Sçaches que si tu veux poser en terre qui va de nordest, poseras à 10. ou 12. brasses.

Sçaches que si tu veux aller poser à Finisterres, tu iras au descouuert le sable de la terre qui va delà, iusques à passé centol à cause de la bache qui est au nort de centol, depuis tourneras iusques à ce que tu sois au cap de saincte Marie, & poseras à 15. ou 16. brasses.

Sçaches que si tu veux poser en Concoruion, vas droit au cap dabadour ou il y a vne bache qui gist à l'entrée, laisse le deuers Stibour, & deras arim à la pointe d'vn cable, & iras dedans, pose deuant Concorbion, à 9. ou 10. brasses.

Sçaches que si tu veux aller de Finisterres à Amuruz par le carreio deslhoueres, le carreyo gist noroest & suest te portera à centol au noroest, cours au suest, & quãd auras descouuert la fosse iras au long de la terre dababour, & pose deuant la ville d'Amuruz à 7. ou 8. brasses.

Sçaches que si tu veux entrer dans Amuruz par lachenal, qui gist nordest, & suroest, laisse les l'houeres dababour, & bouteras à Montellero au nordest delà iusques que tu passe pres d'elle, & si vas à Luiando en Laria garde toy d'vne bache qui se nomme la baye qui gist à trauers de Montellero deuers suest de Montellero, au milieu de l'achenal vn petit plus à terre de su, & quand auras doublé la bache tout est sain, & iras comme dit est en Amutuz.

Sçaches que si tu veux aller à Noya iras droit à l'Isle de la Ciebre, laisse l'Isle dababour, & iras au Rim, pose la ou te plaira, car tout est sain.

Sçaches que si tu veux entrer dans l'Isle de sainct Saluare du vent de nort, laisse l'Isle dababour, & descouure les cabanes des pescheurs, & pose à 10. ou 12. brasses.

Sçaches que si tu veux aller dela l'Isle à la Pubele sçaches qu'il y a de mauuaises rocques de toutes pars, mais par necessité va droit au nort nordest, & iras en sauueté car là est lachenal.

Sçaches que si tu veux entrer dans la Ria de pointe verde entre par le milieu, puis iras deuant en laissant à l'Isle de doues dababour & iras poser à trauers de la Tour de Myne en l'Isle du vent de nort.

Sçaches que si tu veux entrer en l'Aria de gangon au vent de nort garde toy d'vne bache qui gist à l'entrée deuers ababour, & iras deuant & pose à 15. brasses.

Sçaches que si tu veux poser aux Isles de Bayonne entreras par quelque part que tu voudras, & sonderas les caps, & iras poser deuant l'hermite, qui est à l'Isle, & iras dauantage au nort, & poseras à 10. brasses.

Sçaches que si tu veux entrer en Bayonne par l'entrée de la comporte, prends les deux pars de marée, & y a de basse mer vne brasse, & entreras au milieu ioinct de l'Isle à la Pointe du certan est sec, & iras poser deuant à 4. ou 5. brasses.

Sçaches que si tu veux entrer dans Bayonne auec vẽt d'aual, donneras vn petit arim au cap de pamcalles, & iras à l'est quart de nordest, car ainsi gist lachenal & n'aprimeras la terre, & as descouuert lareual, il y a vne bache & te garderas d'elle, puis poseras comme dit est.

Sçaches que si tu veux poser au cap de Caninan, poseras au cap de nort, car deuers le su tout est sec.

Sçaches que si tu veux poser en Viane de nort, pose

à trauers de la ville à 15. brasses, & si tu veux entrer dedans prendras la mer, & bonne marée.

Sçaches que si tu veux poser au haure de la ville de Conde, poseras dehors à les 13. brasses & port de marée

Sçaches que si tu veux entrer ou poser dans les Laichones: tu dois sçauoir qu'à vne lieuë deuers le nort de l'entrée y a 3. ou 4. Isletes, & deras a Rim à les Isletes d'vn caple, puis poseras a 8. ou neuf brasses, & bouteras la pointe au nort, puis si tu voulois aller au port, prendras la mer, il y a deux aldeas.

Sçaches que si il te faut entrer par necessité au haure Dabero, auras par cognoissance du haure des sablieres noires & hautes deux lieuës deuers le su de l'entrée, & à l'entrée estant trois masteros, & les bouteras l'vn pour l'autre, & iras droit à Detz, & auras de basse mer trois brasses, puis quand seras ioinct auec les masteros poseras espert, car l'eau court fort.

Sçaches que si tu veux poser en Mondego, pose a 8. ou 9. brasses a trauers de l'Eglise, & le noroest te viendra par la pointe.

Sçaches que si tu veux entrer en Xelis, que le haure de Xelis & le farrillon de la berlingue gist est oest, & y a 4. lieuës, descouure l'entrée, & sçaches que a la pointe dabour y a vne petite Tour vieille de la bande de su y a vn hermite, & entre au long de la terre de nort, puis pose espert en descouurant le conche qui est estroit, & y a de basse mer dedans deux brasses.

Sçaches que si tu veux entrer ou poser dãs la Berlingue poseras a les 12. brasses deuers le su de l'hermite.

Sçaches que si tu veux poser au cap de Caluberne d'agion, pose a les 8. ou 9. brasses, mais elle n'est pas trop nette.

Sçaches que si tu veux poser en Cascalles poseras deuant la ville a 13. brasses est vn petit salle.

Sçaches que ſi tu veux entrer en Lisbonne par lachenal de ſainct Iean iras au long de terre, & deras arim a la pointe de ſainct Iean, puis garde toy du gachopo qui giſt pres, & iras poſer a ras deuant ſaincte Marie de Belin a 5. ou 6. braſſes.

Sçaches que ſi tu veux entrer en Lisbonne par lachenal grande, deſcouuriras la cité de Lisbonne & la ſabliere, deras a la pointe de ſainct Iean iuſques que paroiſſe la ſabliere deuers le nordeſt de ſainct Iean, car lachenal eſt la, & porteras la ſonde dalmade il y a 7. ou 8. braſſes, & deuers le gachopo ya trois braſſes, puis te garderas du gachopo, puis iras comme dit eſt poſer.

Sçaches que ſi tu veux poſer au cap d'eſpichis a la premiere enſeigne paſſant le cap, a 15. braſſes.

Sçaches que ſi tu veux entrer en Sotouallhebe la pointe d'eſpichis deſcouuerte auec la pointe derabide eſt lõgeur d'vn eſquiffe iras en ceſte voye dela, puis verras vne Tour vieille a l'entrée du bocal, puis quand auras la tour iras deſſus elle, & iras dedans, puis poſeras a la premiere ſabliere en voutan les arbles par les 10. braſſes, & pour entrer dedans a moitié marée, puis n'ayes point peur d'aller ſur le Haure, & deras vn petit arim a la pointe de nordeſt, deſpuis approche toy a l'Egliſe de nordeſt, & de la en auant tout eſt ſain & net.

Sçaches que ſi tu veux poſer au cap de ſainct Vincent de leuant, poſe a trauers des ſablieres a 18. ou 20. braſſes.

Sçaches que ſi tu veux poſer au cap de S. Vincent, poſe a 15. braſſes.

Sçaches que ſi tu veux poſer en Lagos, poſe a 8. ou 9. braſſes, puis le ſu ſuroeſt te viendra par la pointe.

Sçaches que ſi tu veux entrer en Silbes, prendras les deux pars de marée approche toy au cap de l'eſt, puis iras derriere laltar, puis t'approcheras auec laltar, & poſeras

seras mais que tu ayes passé la sabliere premiere deuers le nord, à 5. ou 6. brasses.

Sçaches que si tu veux poser au haure Dalfaro, poseras en passant la pointe de saincte Marie à la premiere fosse, à 6. brasses, puis prends la mer & bonne marée pour aller dedans.

Sçaches que si tu veux poser au haure de Talira, pose à 5. brasses deuant la fosse, & pour aller dedans, prends la mer & bonne marée.

Sçaches que si tu veux poser au haure de Gnodiane, iras au large de la terre, ou y a des baches qui sortent fort de hors pose à 8. brasses vn petit deuers l'est du haure, à trauers d'vne Eglise qui est à vne montagne.

Sçaches que si tu veux poser en Saltes, il te faut poser à 5. brasses en crobin le castot de Balone auec l'Eglise de saincte Marie de Rabide, & pour en dresser l'entrée bouteras à l'Eglise de sainct Sebastian de Palos, car ainsi est l'entrée, sonderas y a de basse mer en ceste-cy vne brasse & demie, & pour opposer dessus elle bouteras à sainct Sebastian au nord à 5. brasses.

Sçaches que si tu veux entrer en Sanlucar de Baramede, il te faut cognoistre les marques qui suiuent. sçaches que la meilleure entrée de Sanlucar gist est suest, & oest noroest, approche toy deuers Baramede dela à 3. brasses & demie, puis bouteras à saincte Marie de Baramede, & porteras la sonde dababour, & trouueras de basse mer 3, la moindre eauë de l'achenal, & quand seras à trauers d'vn arbre gros, alargue toy de la terre, car là est la pointe, & ainsi iras poser, & quand bouteras à l'Eglise de sainct Iacques auec l'Eglise Cathedralle de sainct Lucar, iras dessus la ville de sainct Lucar pour te garder de l'altar, & quand tu penseras estre seur de l'altar le verras rompu, alargue toy de la terre de saincte Marie de Baramede car il y a de mauuaises rocques à trauers de saincte Marie dela en auant, & tu iras au nord à l'ancraison, & poseras à 8. ou 9. brasses.

Sçaches que si tu veux entrer en sainct Lucar auec la mer par l'achenal vieille, prendras demy marée, & les marques sont suiuantes en ce chenal, tu as de laisser aller le piachon & l'ostial dababour, & quand tu seras à trauers de Chipione iras au long de la terre sur la sonde pour te garder, descouure l'Eglise de saincte Marie de Iesus en la pointe du sainct Esprit, & par ainsi de la en là descouuriras l'araual de la pointe, & quand auras descouuert la maison des pecheurs qui est au dessus de toutes les autres, cours au nordest droit à vne montagne de sabliere, car de l'autre bande du rim est Baramende, & iras ainsi au nordest de la en là, puis descouuriras l'Eglise de sainct Iacques deuers le nort de l'Eglise cathedrale, approche toy à la terre de sainct Lucar, & iras à l'ancraison comme dit est, en cét achenal y a de basse mer 3. brasses, y gist le nordest & suroest.

Sçaches que si tu veux poser en Chipione de leuant, garde toy de Salmedine qui gist est oest de saincte Marie de Iogle, & laisseras Salmedine deuers terre; deuers la mer est saine, & quand auras pasé Salmedine, iras poser deuant Chipione à 7. ou 8. brasses.

Sçaches que si tu veux entrer en Caliz auec le vent de leuant, tu auras mestier de cognoistre les marques suiuantes pour te garder de la bache qui se nomme el diamante. Sçaches que si tu entre en Boultegaudo, deuers le sud de Medine, y a vne rocque orquillade comme l'Isle de sainct Anton de Gatarie, il y a vne autre montagne ronde deuers l'est de ceste rocque, sçaches que quand tu auras fait le tour de ceste petite montagne auec la montagne ronde qui est plus en l'est l'vne que l'aûtre, & l'Eglise de saincte Marie qui est dehors la Cité auec la pointe de la main gauche, l'vne pour l'autre, seras au pied de la bache, sur elle il n'y a de basse mer sinon vne brasse & demie, & quand seras en saincte Marie à la pointe, porteras la marque susdite ouuerte l'vne de l'autre, & quand descouuriras les Tours de la Cité la bache te demeurera à la mer & pourras loger par toute la baye de la au posoir.

Sçaches que si tu veux entrer ou poser en Caliz auec ponent, tu iras à l'est quart de suest, car ainsi gist la baye puis iras pres de la grande rocque qui est descouuerte, car au pied d'elle il y a 6. ou 7. brasses, & laisseras la bache au milieu, & deuers ababour & n'apprimeras la terre iusques à tant que descouures la fenestre de la Tour, depuis serre toy à la terre à 5. ou 6. brasses.

Sçaches que si tu veux poser en saincte Catherine, pose à 5. brasses en descouurant la rocque de deux cables.

S'ensuiuent les sondes de la coste d'Espagne.

SCaches que à deux lieuës de Fonterabie, tu trouueras 70. ou 80. brasses.

Item entre Gataru & sainct Sebastian, au coing tu trouueras 95. brasses, & auras à terre 4 l.

Item sur le cap de Machichaco 2. l. & à la mer tu trouueras 100. brasses.

Item sur le cap de Quecho à vne l. à la mer, tu trouueras 90. ou 100. brasses.

Item de Viuero iusques à Tapie tu te pourras seruir de sonde sur sainct Sabrian de 100. brasses, & auras à terre 4. lieues sur le basine de 100. brasses, puis auras à terre 5. l.

Item du cap de bayres iusques à Billano, y a 2. l. à la mer, ou trouueras 90. brasses.

Item à 3. lieues de Finisterres tenant le cap à l'est, à 100. brasses, est basse.

Item du cap de Turiane iusques à Billano 1. l. à la mer, y a 90. brasses.

Item tenant Montollero ou nordest, il y a trois lieuës & le cap de Finisterres au nord, y a cinq lieuës au cap à trauers 75. brasses.

Item partant de la Berlingue en route de nord, tu trouueras 100. brasses, & si tu trouue moins seras dedans la route, & quand tu seras tant auant comme la garde, trouueras basse au cap.

Item tenant les farrillons de la Berlingue au nordest à vne ou deux lieuës no deras sonde tenant la Berlingue au suroest en biste dela allant la voye de nord, & y iras par le coing du profond, ya 85. ou 90. brasses.

Item estant à vne lieuë de la rocque allant à la Berlingue, trouueras 60. brasses, & 2. lieues dehors de la route trouueras 85. brasses, allãt vne lieue à terre, trouueras 60. brasses.

Item allant au cap Despichis iusques à la rocque, & à la route, tu trouueras allant deux lieues à la mer, 80. brasses.

Item tu dois sçauoir que sus le cap de sainct Vincent 2. lieuës à la mer, tu trouueras 100. brasses, à vne lieue du cap, & trouueras des baches qui sortent à la mer iusques au cap, si n'est sec, car si tu vas plus auant, trouueras plus profond.

Item tu dois sçauoir, que si tu veux aller de Galice par Andalusie, & si voulois sçauoir si tu as doublé le cap de sainct Vincent par nuict ou sarrazon, sçaches que michica à l'est de 100. brasses auras à terre 3. lieues, & de 80. brasses 2. lieues, & de 70. brasses vne lieue, & ces brasses te suiuront iusques à ce que tu double le cap, & trouueras plus profond, & y a 6. l. au cap.

Item venant Dandalusie de ponant, si vas doubler le cap de S. Vincent par nuict ou sarrazon, & si tu es tant auant que michica prends les 100. brasses ou 80. brasses comme sera le temps, michica au nort, auras au cap 6. lieues, & de 100. brasses 3. lieues, & de 80. brasses 2.

lieues.

Item de Saltes à Baramede, il y a 12. lieues en ceste paraige de 100. brasses: auras à terre 10. lieues, & de 25. brasses 4. l. & de 15. brasses 2. l. & de 10. brasses vne lieue.

Item garde les Arenes au nort à la pointe de Chipione au nordest quart de l'est, & auras 25. brasses & grand basse au cap, la route te sortira au suest quart de l'est, & auras à la route trois lieues.

Item sus Salmedine par nuict ou sarrazon ne te abaisse de 25 brasses, tu auras à terre 1. lieue, de 30. brasses 2. l. & de 100. brasses 9. l. allant dessus Salmedine à 20. brasses auras au cap, tu sortiras au suest, prends le sud.

Item des corralles de route iusques à sainct Sebastian de Caliz par toute la baye a 12 brasses, tu trouueras sable menu, pierres & corralles iusques à Salmedine, tu trouueras sable gros comme féues, recule toy vn petit de Caliz iusques à trafaga à la route, il y a 18. brasses, à trafaga ne t'approche à moins de 14. brasses.

Item tu dois sçauoir, que si tu veux poser à la baye de Caliz, pose à 12. brasses, & de nuict ne t'approches à moins & si tu trouue la sonde salle, ne te poses à moins de 15. brasses, cecy s'entend auec bon temps, & si tu as vent de mer pose à 20. brasses.

Item si tu veux poser en sainct Sebastian de Caliz, pose à 10. brasses à la pointe de sainct Sebastian, ne t'approche à moins de 7. brasses.

S'ensuiment les lieux de la coste d'Espagne, iusques à l'estrecho.

Sçaches que de Bayonne au Figuier, y a	8. lieues.
Du Figuier à sainct Sebastian,	4. l.
De sainct Sebastian à Gatarie,	4. l.

De Gatarie à la Caytio,	5. l.
De la Caytio à Bermeyo,	5. l.
De Bermeyo à Castro durdiales,	7. l.
De Castro à Laredo,	4. l.
De Laredo à sainct Ander,	6. l.
De sainct Ander à sainct Martin,	5. l.
De sainct Martin à sainct Vincent,	5. l.
De sainct Vincent à Lanes,	5. l.
De Lanes à riue de Sille,	5. l.
De riue de Sille à les penes de Bocon,	10 l.
De les penes à Villes,	2. l.
De Villes a Artedo,	1. l.
D'Artedo a Luarca,	5. l.
De Luarca a Nabie,	4. l.
De Nabie a Arriuaden,	4. l.
D'Ariuaden a Bero,	9. l.
De Bero a saincte Marte,	4. l.
De saincte Marte a Cidero,	4. l.
De Cidero au cap de Prior,	4. l.
De Priol a Ferol,	2. l.
De Ferol a la Crima,	2. l.
De la Crima a Cisarge.	6. l.
De Cisarge a Mongie,	8. l.
De Mongie au cap de Finisterres,	4. l.
De Finisterres a Concorbion,	2 l.
De Concorbion à Muruz,,	4. l.
De Muruz a la pointe verde,	6. l.
De pointe verde a Bayonne,	5. l.
De Bayonne a la Gardie,	4. l.
De la Gardie a Biane,	4. l.
De Biane a ville de Conde,	6. l.
De ville de Conde au port,	4. l.
Du port a Bero,	9. l.
De Bero a Mondego,	9. l.
De Mondego a Chelis,	15. l.

De Chelis à la Carbonere,	3. l.
De la Carbonere a la rocque de Sintre,	12 l.
De la rocque de Sintre a Pichis,	8. l.
De Pichis au cap de sainct Vincent,	30. l.
Du cap de sainct Vincent a Lagos,	5. l.
De Lagos a Silbes,	2. l.
De Silbes a Alfaro,	8. l.
D'Alfaro a Tabrye,	4. l.
De Tabrie a Ayemonte,	3. l.
D'Ayamonte a Lepe,	4. l.
De Lepe a Palos,	4. l.
De Palos a sainct Lucar,	13. l.
De sainct Lucar a Caliz,	6. l.
De Caliz a trafaga,	10. l.
De Trafaga a Tariffe,	6. l.
De Tariffe a Gilbatar,	5. l.

S'ensuivent les marées commençant de Caisz, au long de la coste, de là en Flandre.

TV sçauras qu'en Calis, la Lune a l'est suest, basse mer

Item a sainct Lucas de Baramede, la Lune au suest quart de l'est, basse mer.

Item en Saltes, la Lune a l'est suest, basse mer.

Item en Lepe, la Lune au suest quart de l'est, basse mer.

Item en Gnodiane, la Lune au suest quart de l'est, basse mer.

Item en Tauille, la Lune au suest quart de l'est, basse mer.

Item en Alfaro, la Lune au suest quart de l'est, basse mer.

Item en Silbes, la Lune a l'est suest, basse mer.

Item du cap de sainct Vincent, de la aux Isles de Bayonne en tous les ports de ceste coste, la Lune au suest quart de l'eſt, baſſe mer.

Item de Bayonne de Galice, dela à Bayonne de France en toute la coſte d'Eſpagne, la Lune au ſueſt, baſſe mer.

Item aux Aſnes de Bourdeaux, la Lune au ſud, baſſe mer.

Item tu dois ſçauoir, que des Aſnes de Bourdeaux, de la au raz en toute la coſte de Bretagne, la Lune au ſueſt, baſſe mer.

Item au raz de Sain, la Lune au ſueſt quart de l'eſt, baſſe mer.

Item en ſainct Mayo, la Lune au ſueſt, baſſe mer.

Item en Barbarac, la Lune au ſueſt, baſſe mer.

Item dedans le port d'Ochent, la Lune au ſueſt, baſſe mer.

Item en Gualbay, la Lune au ſud quart de ſueſt, baſſe mer.

Item au dos de l'Iſle de Bas, la Lune au ſud, baſſe mer.

Item dedans la porte de l'Iſle de Bas, la Lune au ſud, ſueſt, baſſe mer.

Item dedans Ochent de la l'Iſle deſſous, la Lune au ſud baſſe mer, cecy eſt à la route.

Item à vne veüe de Ochent contre l'achenal, la Lune au ſud ſuroeſt, baſſe mer.

Item en Miroane, la Lune au ſud quart de ſuroeſt, baſſe mer.

Item de l'Iſle plus bas dela à ſainct Malo, en tous les ports, la Lune au ſud, baſſe mer.

Item au raz de Brehac, & en Renauille, Iarſuy, & Arroaſtouas, la Lune au ſud, baſſe mer & marée, & conteras marée à tous les ports de Cornaille.

Item au port de Guarnaſny, la Lune au ſud, baſſe mer.

Itẽ au Hour, la Lune au ſueſt quart de ſud, baſſe mer.

Item au dos de Guarnasny, la Lune au sud suroest, basse mer.

Item de Guarnasny à 5. lieues à la mer, la Lune au suroest, basse mer, & prends vn petit de l'oest.

Item entre Cerquey & Renny y a vn banc de sable gist noroest & suest, y a dessus 9. brasses, & bien longue dessus demy gisante iusques a demy marée du noroest, & demy gisante de suest.

Item tu dois sçauoir que entre Renny & Cerquey sont les fereries, est bon lieu pour celuy qui le sçait.

Item à la my maior Cerquey, la Lune au suest, basse mer, & trouueras 12. brasses és bon paus de l'est nordest.

Item au raz du Blancart, la Lune au suest quart de l'est, pleine mer.

Item à my chenal, la Lune au suest, pleine mer.

Iem au ras de Renny, la Lune au suest quart de sud, pleine mer.

Item en Renny iusques à Bayraflet, la Lune au suest quart de sud, pleine mer.

Item à la coste de Constanna, à 30. brasses, la Lune au suest, basse mer.

Item à la Legne & Barraflet, & en Chiriboure en tous les ports iusques à Viueflor, la Lune au suest quart de sud, pleine mer.

Item a la riuiere de Viueflor en Chiriboure, la Lune au suest quart de sud, pleine mer.

Item en Antiffet, la Lune au sud suest, pleine mer.

Itemen Pocan, la Lune au suest, pleine mer.

Item en Diepe, la Lune au sud, quart de suroest, pleine mer.

Item de Diepe iusques a l'Ecluse en tous les ports de Cortoy, & en tous les ports & en Bologne, & en Cales, & Guanerluses, & en Donkerque, Nieuport & Ostende, la Lune au sud, pleine mer.

Item dedans l'Escluse, la Lune au sud quart de sue oest, pleine mer.

S'ensuiuent les trauerses d'Espagne en chemin de nord & sud.

GIst le bocal de Bayonne & le Figuier de Fontarabie nordest & suroest quart de nord & sud: y a 10. l.

Gisent le bocal de Bayonne & pointe malle, nord & sud, prends de noroest & suest: y a 18. l.

Gisent la pointe malle & Cordan, nord & sud, prenant de nordest & suroest: y a 18. l.

Gisent sainct Iean de Lus & les Asnes de Bourdeaux, nord & sud: y a 45. l.

Gisent Armaynaca & le cap de Sardinero, nord & sud: y a 5. l.

Gisent le Passage d'Espagne & le pertuis, nord & sud: y a 55. l.

Gisent sainct Sebastian & sainct Steben d'Arcos, nord & sud: y a 60. l.

Gisent Gatarie & les Ballenes, nord & sud: y a 60. lieues.

Gisent Motrico & sainct Gil, nord & sud: y a 60. lieues.

Gisent Machichaco & Vges, nord & sud: y a 65. l. en ceste route, tu te garderas de l'Orcanne.

Gisent sainct Home & Berisle, nord & sud: y a 80. lieues.

Gisent sainct Ander & Groye, nord & sud: y a 85. lieues.

Gisent sainct Vincent & Glaran, nord & sud: y a 80. lieues.

Gisent Lanes & Peesmare, nord & sud: y a 90. l.

Gisent ville Viciosie & Outanant, nord & sud: y a 95. lieues.

Gisent le cap des paynes & Sain, nord & sud, prenant

de nordeſt & ſuroeſt: y a 95. l.

Giſent Riuadeu & Surlingue, nord & ſud: y a 135. l.

Giſent les Iſles de ſainct Sabrian & la Tour de Gataſurge, nord & ſud: y a 120. l.

Giſent le cap de Prior & Gabobiezo, nord & ſud: y a 100. l.

Giſent le cap de Turiane & le cap de Clare, nord & ſud: y a 140. l.

S'enſuyuent les trauerſes d'Eſpagne au chemin de nord & ſud, quard de nordeſt & ſuroeſt.

Sçaches que giſent le cap de Turiane, & les Iſles de Saltes, nord & ſud quart de nordeſt & ſuroeſt, y a 180. lieuës.

Giſent Ciſarge & Surlinge, nord & ſud quart de nordeſt & ſuroeſt: y a 135. l.

Giſent ſainct Sabrian & Ochent, nord & ſud quart de nordeſt & ſuroeſt: y a 100. l.

Giſent les Paynes & Glaran, nord & ſud quart de nordeſt & ſuroeſt: y a 93. l.

S'enſuiuent les trauerſes d'Eſpagne au chemin de nord nordeſt & ſud ſuroeſt.

Sçaches que giſt le cap de Turiane & Aliſart, nord nordeſt & ſud ſuroeſt: y a 150. l

Giſent Ciſarge, & Ochent, nord nordeſt & ſud ſuroeſt: y a 115. l.

Giſent Ortiguero & Sain, nord nordeſt & ſud ſuroeſt: y a 100. l.

Giſent Bayres & Outanant, nord nordeſt & ſud ſuroeſt: y a 100. l.

Giſent ſainct Sabrian & Peesmare, nord nordeſt & ſud ſuroeſt, y a 90. l.

Gisent Riuadeu & Glaran, nord nordest & sud suroest: y a 95. l.

Gisent les Paynes & Berisles, nord nordest & sud suroest: y a 85. l.

Gisent S. Vincent & Vges, nord nordest & sud suroest: y a 72. l.

Gisent S. Ander & Ollonne, nord nordest & sud suroest: y a 72. l.

Gisent S. Home & les Ballennes, nord nordest & sud suroest: y a 72. l.

Gisent Machichaco & Malmisson, nord nordest & sud suroest: y a 55. l.

S'ensuiuent les trauerses d'Espagne en chemin de nordest & suroest quart de nord & sud.

SÇaches que gisent sainct Home & Cordan, nordest & suroest quart de nord & sud: y a 70. lieues.

Gisent le cap de Late, & l'Isle de Loyron, nordest & suroest quart de nord & sud: y a 70. l.

Gisent sainct Vincent & les Ballennes, nordest & suroest quart de nord & sud: y a 70. l.

Gisent au bord de Sille & les barges d'Ollonne, nordest & suroest quart de nord & sud: y a 75. l.

Gisent Riuadeu, & Garande, nordest & suroest quart de nord & sud: y a 100. l.

Gisent Ortiguero & Glanan, nordest & suroest quart de nord & su: y a 100. l.

Gisent Prior & Peesmare, nordest & suroest quart de nord & sud: y a 100. l.

Gisent sainct Ander & Cordan, nordest & suroest quart de nord & sud: y a 75. l.

Gisent Ortiguero & le pertuis d'Espagne, nordest & suroest quart de l'est oest: y a 100. l.

Gisent Ortiguero & Cordan, est nordest & oest suroest: y a 115. lieues.

Gisent Prior & Berisle, nordest & suroest: y a 100. lieues.

S'ensuiuent les trauerses d'Espagne au chemin de nord, & sud quart de noroest & suest.

GIst le bocal de Bayonne & Ollonne, nord & sud, quart de noroest & suest: y a 60. lieues.

Gisent Machichaco & Berisle nord & sud, quart de noroest & suest: y a 85. l.

Gisent le Passage & Vges, nord & sud quart de noroest suest: y a 67. l.

Gisent sainct Home & Peesmare, nord & sud quart de noroest & suest: y a 90. l.

Gisent le cap de Late & Outanant, nord & sud quart de noroest & suest: y a 95. lieues.

Gisent Lastres & Sourlinge, nord & sud quart de noroest & suest: y a 135.

Gisent les Paynes & Yocle, nord & sud quart de noroest & suest: y a 164. l.

Gisent Ortiguero & Drosey, nord & sud quart de noroest & suest: y a 162. l.

S'ensuyuent les trauerses en chemin de nord noroest & sud suest d'Espagne.

GIst le bocal de Bayonne & Berisle, nord noroest & sud suest: y a 80. l.

Gisent le Figuier & Groye, nord noroest & suest: y a 85. l.

Gisent sainct Sebastian & Glaran, nord noroest & sud suest: y a 82. l.

Gisent Machichaco & Outenant nord noroest & sud suest: y a 100. l.

Gisent le Baerro & Sain, nord noroest & su suest: y a 100. l.

Gisent le bocal de Bayonne & Sain, noroest & suest quart de nord & sud: y a 110. l.

Gisent le Figuier de Fonterabie & Cabobiezo, noroest & suest quart de nord & su: y a 200. lieues, en ceste route, tu passeras de Sain 3. ou 4. lieues, du Figuier à Sain, y a 115. lieues.

S'ensuiuent les routes au long de la coste de France & Bretagne, iusques au Hour.

GIst le Figuer de Fonterabie & le Boçal de Bayonne nordest & suroest quart de nord & sud: y a 10. l.

Gisent les Erretes & les Asnes de Bourdeaux, & Cordan, nord & sud: y a 45. l.

Gisent les Asnes de Bourdeaux & le pertuis d'Espagne, nord noroest & sud suest: y a 12. l. à Sardinero, y a 8. l.

Gisent l'entrée de la cueue & Sardinero, noroest suest quart de nord & sud: y a 5. l.

Gisent le pertuis d'Espagne & l'Isle Dayas, est suest & oest noroest: y a 4. l.

Gisent Sardinero & la pointe de Sarrandis, nord & sud quart de noroest & suest: y a 2. l.

Gisent le pertuis d'Espagne & le boscage de la Rochelle, est nordest & oest suroest: y a 4. l.

Item tu dois sçauoir que au bocamẽt du pertuis d'Espagne, trouueras 13. brasses, à trauers de saincte Marie trouueras 24. brasses.

Gisent les Asnes de Bourdeaux & l'Isle d'Vges, noroest & suest quart de nord & sud: y a 30. l.

Gisent les Asnes & l'Orcanne, noroest & suest quart de l'est oest: y a 22. l.

Gisent les Asnes & Glaran, noroest suest: y a 60. l.

Gisent les Antrechates & sainct Steben d'Arcos, noroest & suest quart de nord: y a 6.l. & de la pointe de sainct Steben pour abocar par le pertuis d'Espagne, iras à l'est & suest.

Gisent Alabardin comme la premiere pointe du boscage, nordest & suroest quart de l'est oest.

Gisent les Ballenes, & y a nord & sud: cinq lieues.

Gisent les Ballennes & la Tour d'Ollonne, noroest & suest quart de nord & sud: y a 7.l.& s'il y a marée garde que tu ne t'engouffre.

Item tu dois sçauoir que allant sur la pointe de sainct Steben d'Arcos, à 8. brasses allant à la voye de nordest, passeras pres des Ballenes, & si tu as marée gadre toy que ne te iette sur elles.

Gisent le pertuis de Bretagne, est suest & oest noroest au bocament tu trouueras 13. brasses, & si iras du pertuis en dehors, allant la voye de l'oest noroest, & n'ayes peur des barges d'Ollonne, iras dehors du ges 2. l. y a deux pertuis à Vges 16.l.

Gisent les Ballennes & l'Isle d'Vges, noroest & suest quart de l'est oest: y a 13. l.

Gisent les Ballenes & l'Orcanne, est oest quart de nordest & suroest: y a 11.l.

Gisent les barges d'Ollonne & l'Orcanne, nordest & suroest quart de l'est oest: y a 10. l.

Gisent les barges d'Ollonne & l'Isle d'Vges, est suest & oest noroest: y a 8 .l.

Gisent les barges d'Ollõne & Sangil, noroest & suest: il y a 5. l.

Gisent Sangil & l'Isle d'Vges, est oest: y a 4. l.

Gisent Vges & Besa, nordest & suroest quart de l'est oest: il y a 3 .l.

Gisent Vges & l'Orcanne, nord & sud: y a 10. l. & dure l'Orcanne 4. l.

Gisent Vges, & l'entrée de Bereseau, nord nordest & sud suroest: y a 3.l. garde toy que la marée ne te iette sur les piolantes.

Gisent Vges & le blanchin de Garande, nord & sud quart de noroest & suest, y a 10. l.

Gisent le clocher d'Vges & la pointe, nordest & suroest, cecy est entre l'Isle & le Certan, & passeras par terre de l'Isle au long d'Vges par la pointe.

Gisent Vges & le cardenar de l'entrée de Murbian, nord noroest & sud suest: y a 15.l. & du cardenar à Murbian, y a 6. l.

Gisent le cap de noroest & d'Vges & le pioler nord & sud prenant de noroest & suest: y a 7. l. en ceste route, garde que ne te iette sur les piolantes.

Gisent le pioler & la charpenterie, nord nordest & sud suroest: y a 4. l.

Gisent le pioler & sainct Lazar, nord nordest & sud suroest: y a 4. l.

Gisent le pioler & cap de la Marie, est suest & oest noroest: y a 12. l.

Gisent Vges & Berisle, noroest & suest: y a 18. l.

Gisent le blachin de Garande & la pointe de Cruzic, nord noroest & sud suest: y a 2. l. & dure le blachin est suest & oest noroest: y a vne lieue & demie à y entrer, le blachin & le sud demy lieue de chenal entre les 2. 14. ou 15. brasses.

Gisent la pierre percée & la pointe de la Croix de Garande, est oest quart de noroest & suest: y a 4. l.

Gisent la Croix de Garande & sainct Iacme darnis noroest & suest: y a 5. l.

Gisent la Croix de Garande & l'Isle d'Vges, nord noroest & sud suest: y a 3. l.

Gisent l'Isle d'Vges & Alful, nord & sud: y a 3. l.

Gisent la voye & l'entrée Daredon, nord nordest & sud suroest: y a 4. l.

Gisent

Giſent l'entrée de la Tune, & port Sanſon, nordeſt & ſuroeſt: y a 4.

Giſent Garande & le cap de la Marie, eſt oeſt, & prendras de nordeſt & ſuroeſt: y a 8. l. Mais en ceſte voye, garde toy du blachin de la Marie au cardenar, y a 5. l. du cap de la Marie à l'eſt ſueſt, iras ſur vne bache qui ſe nomme le blachin.

Giſent Perlan & la porte, nordeſt & ſuroeſt: y a 3. lieues.

Giſent le cap de la Marie & la pointe de ſud de Concarbaray, nord & ſud: y a 4. l.

Giſent Beriſle & Concarneau, noroeſt & ſueſt: y a 15. l.

Giſent Beriſle & Glaran, noroeſt & ſueſt quart de l'eſt oeſt, y a 12. l. allant de Beriſle à la voye de l'oeſt noroeſt, & n'ayes peur de la Iouente de Glaran, mais paſſeras bien pres du pied de la Iouente, y a 45. braſſes, & ſort ceſte bache au ſuroeſt du cap de l'eſt de Glanan, à [illegible] lieue petite és terres de la Iouente, & trouueras 40. braſſes.

Giſent Beriſle & Sain eſt ſueſt & oeſt noroeſt: y a 34. lieues.

Giſent le cap de l'Iſle de Groye & l'entrée de Blabet, nordeſt & ſuroeſt quart de l'eſt oeſt, y a 4. l.

Giſent Groye & Glanan eſt oeſt, il y a 7. lieues, en ceſte route y a vne bache qui eſt à la tierce part du chemin dedans Groye & Glaran au pied de la rocque y a 27. braſſes, & ſur elle y a vne braſſe & demie, puis pourras paſſer de terre, & deſcouure l'hermitage de Glaran deuers le nord de la pointe longueur de deux boelles, & tenant l'hermite comme la pointe, iras ſur la bache, giſt le plus haut de Glanan eſt oeſt.

Giſent la grand rocque qui eſt deuers Glanan & Cõcarneau, nord & ſud: y a 3. l.

Giſent la Iouente de Glanan, & la pierre de Peeſmere, eſt ſueſt & oeſt noroeſt: y a 7. l.

Giſent le cap de l'eſt de Glanan & Benaudet, noroeſt & ſueſt quart de nord & ſud: y a 4. l.

Giſent les Montones & la pierre de Peesmare, eſt oeſt quart de nordeſt & ſuroeſt: y a 5. l.

Giſent Peesmare & Outanant, noroeſt & ſueſt: y a 9. l.

Giſent le Farillon de l'entrée de Peesmare & la bache, nordeſt & ſuroeſt quart de l'eſt oeſt.

Giſent Peesmare & Sain, eſt ſueſt & oeſt noroeſt: y a 12. l. tu garderas s'il y marée ne t'engouffre dedãs au ras du Sain prends de l'oeſt, car la marée court fort au nord.

Giſent Sain & Ochent, nord & ſud quart de noroeſt & ſueſt: y a 12. l.

Giſent le cap d'Outanant & le cap de l'oeſt de Sain, eſt noroeſt & oeſt ſuroeſt, & pour mieux doubler la pointe de Sain, iras au ſuroeſt, pource que Sain & la pointe giſent nordeſt & ſuroeſt quart de l'eſt oeſt, de Outanant à Sain, y a 2. lieues, & de Sain à la pointe y a 3. lieues.

S'enſuiuent les routes de Outanant, au long de la coſte de Normandie & Picardie.

SCaches que Giſent Outanant & ſainct Mayo, nord & ſud: y a 9. l.

Giſent ſainct Mayo & le Hour nord & ſud quart de noroeſt & ſueſt: y a 9. l.

Giſent les Porcas & l'Iſle de Gar, eſt oeſt.

Giſent Ochent & le Hour, eſt oeſt quart de nordeſt & ſuroeſt: y a 6. l.

Giſent le Hour & les Requeſtes de Porſaut, eſt nordeſt & oeſt ſuroeſt: y a 3. l.

Giſent Porſaut & Barbarac, nordeſt & ſuroeſt quart de l'eſt oeſt: y a 4. l.

Giſent Ochent & les Requeſtes de Barbarac, eſt nordeſt & oeſt ſuroeſt: y a 11. l.

Giſent Barbarac & l'Iſle de bas, eſt nordeſt & oeſt ſuroeſt: y a 13. l.

Giſent Barbarac & Gualbay, eſt nordeſt, prenant de nordeſt & ſuroeſt, y a 7. l. & giſt vne bache eſt oeſt, à vne lieue, ne la deſcouure ſinon de baſſe mer.

Giſent Gualbay & la Bandere, eſt oeſt prenant de nordeſt & ſuroeſt, y a 7. l.

Giſent l'Iſle de Bas & les Dragons, les 7. Iſles, eſt nordeſt & oeſt ſuroeſt, y a aux Dragons 7. l. des Dragons aux 7. Iſles, y a 3. l.

Giſent les 7. Iſles & cap de Ciebre de Brehac, eſt oeſt y a 7. l. & ſi tu veux aller dehors de Lorrene, prends vn quart de nordeſt.

Giſent les 7. Iſles & Rocquetobas, eſt nordeſt & oeſt ſuroeſt, y a 8. l.

Giſent les 7. Iſles & le cap Darmeloc, eſt oeſt, y a 5. lieues.

Giſent les 7. Iſles & le cap de Brehac, eſt oeſt quart de nordeſt & ſuroeſt: y a 7. l.

Giſent les 7. Isles & Garneſnie, nordeſt & ſuroeſt quart de nord & ſud: y a 14. l.

Giſent l'Iſle major des 7. Iſles & le haure de S. Guidaſt, noroeſt & ſueſt, y a 2. l. & ſi eſt iuſante, prends vn quart de l'eſt.

Giſent Lorrene & le cap de Late, eſt ſueſt & oeſt noroeſt: y a 10. l.

Giſent le cap de Late & S. Mallo, eſt oeſt, y a 4. l. allãt 2. ou 3. l. à la mer des 7. Iſles, allant la voye de l'eſt ſueſt, n'ayes peur de Rocquetobas, ny de Lorrene, de Brehac iras à la pointe de S. Malo, y a 20 l. à S. Malo.

Giſent ſainct Gundaſt & le cap de Grane de Garneſnie, nord nordeſt & ſud ſuroeſt: y a 18. l.

Giſẽt le cap de nordeſt de Garneſnie, & les Caſquets

nord & sud quart de nordest & suroest: y a 6. l.

Gisent le cap de grane & les Casquets, nordest & suroest quart de nort & sud: y a 7. l.

Gisent Ochent & les Casquets, nordest & suroest quart de l'est oest: y a 8. lieues.

Gisent l'achenal dedans Orquey & Orney, nord nordest & sud suroest: y a 7. l.

Gisent les Casquets & Orney, est suest & oest noroest: y a 3. l.

Gisent Orney & cul de Lague, est suest & oest noroest, prends de l'est oest: y a 3. l.

Gisent l'achenal d'entre les deux, est nordest & oest suroest.

Gisent cul de Lague, & Garnesnie, est nordest & oest suroest: y a 10. l.

Gisent Orney & la pointe de Bairafler, est oest, prenant de noroest & suroest: y a 12. l.

Gisent cul de Lague & Bairafler, est oest quart de nordest & suroest: y a 10. l.

Gisent les Casquets & la pointe de Bairafler, est oest: y a 15. l. & sort ceste pointe de la terre, au milieu y a passage deuant Amor au Certan, & y a de basse mer vne brasse sur la pointe.

Gisent Bairafler & Secan, est oest, y a 20. lieues, & y a vne bache mettras à l'oest de Bairafler à trauers du sable.

Gisent Bairafler, & l'Isle de S. Marcol, nord noroest & sud suest: y a 8. l.

Gisent Bairafler, & la fosse de Guolleuille, est suest & oest noroest, y a 10. l.

Gisent Bairafler, & sainct Mallo, est suest & oest noroest: y a 18. lieues.

Gisent Bairafler & cap de Caür, est oest quart de nordest & suroest: y a 20. l.

Gisent Bairafler & Antifer, est oest: y a 18. l.

Gisent Bairafler & Diepe, est oest quart de nordest & noroest: y a 30. l.

Gisent Bairafler & la fosse de Guaio, est nordest & oest suroest: y a 42. l.

Gisent Bairafler & le cap de Saucater, nordest & suroest quart de l'est oest: y a 48. l. & y a vn bãc de noroest du clocher de Diepe bien 35. l. à la mer, y a de basse mer d'eaux viues sur le banc vne brasse & demie.

Gisent Colle Ville & Antifer, nordest & suroest: y a 9. lieues.

Gisent le cap de Caür & Antifer, nord & sud: y a 4. lieues, & 2. lieues d'Antifer, tiendras à Diepe à l'est & nordest: y a 14. l.

Gisent Antifer & sainct Sabrian, est nordest & oest suroest: y a 7. l. prends de l'est oest.

Gisent Antifer & Guaio, nordest & suroest: y a 16. lieues.

Gisent Diepe & Guaio, nordest & suroest quart de nord & sud: y a 12. l.

Gisent la fosse de Guaio & Estapes, nord & sud, prenant de noroest & suest: y a 7. l.

Gisent Estapes & Bologne, nord & sud: y a 5. lieues allant à trauers de Bologne vne lieue à la mer comme vn banc.

Gisent Bologne & le cap Darues, nord nordest & sud suroest, y a 3. l.

Gisent le cap de Saucater & le cap Darues, nordest & suroest, prends de nord & sud: y a 3. l.

Gisent le cap de Saucater & Cales, est nordest & oest suroest: y a 2. l.

Gisent le cap d'Antifer & le cap de Saucater, nordest & suroest quart de nord & sud: y a 32. l

S'ensuiuent les lieues de Normandie, & Picardie.

Sçaches que d'Outanant à S. Mayo, y a	7.l.
De S. Mayo à Lorenne,	3.l.
De Lorrene à Barbarac,	7.l.
De Barbarac à Gualbay,	7.l.
De Gualbay à l'Isle de Bas,	7.l.
De l'Isle de Bas à 7. Isles,	10.l.
Des 7. Isles à Garnesnie,	14.l.
De Garnesnie à Renny,	7.l.
De Renny à Chiribourc,	7.l.
De Chiribourc à Bairafler.	7.l.
De Bairafler à la Oga.	7.l.
De la Oga à cap de Caür,	17.l.
De Same à Antifer,	4.l.
D'Antifer à Diepe,	12.l.
De Diepe à Guaio,	12.l.
De Guaio à Estapes,	7.l.
D'Estapes à Bologne,	4.l.
De Bologne à cap de Saucater,	5.l.
De Saucater à Calais,	2.l.

S'ensuiuent les cours de Lirlesse au long de la coste de Normandie iusques à Calais.

Sçaches que dans le chenal de Lirlesse, iusques à 100. brasses court la iusante de l'oest suroest, le mesme court dedans Molines & Ochent, iusques à 100. brasses autour d'Ochent à 50. brasses il n'y a pas d'estancque.

Item dans Porsaut vient la iusante de nord nordest.

Item des Isles de Bas iusques à Porsaut, vient la iusante de l'est quart de nordest à 2. Isles de Bas, vient la iusante de l'est prends de suest.

Item dedans 7. Isles & dehors, vient la iusante de l'est

ſueſt.

Item en Lorrenne & le cap Febroe, vient la iuſante de l'eſt.

Item entre Caſquer & Renny, vient la iuſante de ſud ſueſt.

Item entre Cerquey & Renny, y a vn banc de ſable, giſt le banc noroeſt & ſueſt, y a ſur le banc de baſſe mer 9. braſſes, & vient l'angaidgo demy maree, iuſques à demy iuſante de l'eſt ſueſt.

Item de Bairafler, iuſques aux Isles de S. Marcol vient la iuſante de ſueſt.

Item de Renny, iuſques à Bairafler, vient la iuſante de ſud ſuroeſt.

Item de Bairafler iuſques à Caür, vient la iuſante de ſueſt quart de l'eſt.

Item du cap de Caür iuſques à Antifer, vient la iuſante de nord nordeſt.

Item d'Antifer iuſques à Diepe, vient la iuſante de l'eſt nordeſt.

Item de Diepe iuſques à Guaio, vient la iuſante de nordeſt.

Item de Guaio iuſques â Bologne, vient la iuſante de nordeſt, prends du ſueſt.

Item du cap d'Arues iuſques à Bologne, vient la iuſante de nord.

Item en l'Eſtrecho, vient la iuſante du nordeſt quart de nord.

S'enſuiuent les ſondes de la coſte de France, Bretagne, iuſques à Ochent.

Sçaches que s'il t'aduient par vn mauuais temps poſer à la coſte d'Arequaſſon, ne poſe à moins de 25. braſſes, parce que aux 20. la mer rompt.

Sçaches que à l'oest & suroest de la Tour de Cordan 2. l. à la mer, tu trouueras 22. brasses.

Sçaches que ayant les Rondelles au nordest de 25. brasses, auras à terre 3. l. allant à la voye de nordest assoumirez de coup.

Sçaches que entre les Asnes & le pertuis d'Espagne à la route de nord noroest & sud suest, trouueras 18. brasses, & depuis quand auras passé les Ballenes iusques à Ollonne, trouueras 18. brasses, & depuis que auras passé Ollonne iusques à Vges, trouueras 20. brasses estant sur Ollonne à 21. brasses allant la voye de l'oest noroest iras au milieu d'Vges.

Sçaches que au paraige du pertuis d'Espagne de 70. brasses, auras au pertuis 20. lieues; de 60. brasses 18. l. de 50. brasses 15. lieues ; de 40. brasses 12. lieues ; de 30. brasses 7. lieues; de 25. brasses 4. lieues; & si dedans 25. brasses tu trouues basse, seras deuers Malmisson, & si tu trouues pierres comme féues, seras deuers les Ballenes ou autour d'elles.

Sçaches que ayant les Ballenes au nordest de 100. brasses, auras à terre 25. l. de 90. brasses 22. l. de 80 brasses 19. l. de 70. brasses 16. l. de 60. brasses 14. l. de 50. brasses 10. l. de 40. brasses 7. l. de 30. brasses 4. l. de 20. brasses vne lieue & demie.

Sçaches que tenant Ollonne au nordest quart d'est dés 28. brasses, auras Ollonne 5. l. trouueras à la sonde grosse comme grane.

Sçaches que tenant l'Isle d'Vges au nord dés 80. brasses, auras à Vges 27. l. de 70. brasses 20. l. de 60. brasses 15. l. de 50. brasses 12. l. de 40. brasses 10. l. entre l'Orcanne tenant à l'Isle 4. ou 5. l. trouueras 30. brasses.

Sçaches que tenant Vges au nordest dés 100. brasses auras d'Vges 24. l. de 90. & de 80. brasses 14. lieues, de 70. brasses 12. l. de 60. brasses 10. l. de 50. brasses 7.

l. de 40. brasses 4. lieues, de 33. brasses tenant le cap au noroest & l'Isle au nordest, auras à Vges 2. l.

Sçaches que entre Vges & Berisle à la route, tu troueras 27. ou 30. brasses entre Berisle & Glaran à la route de l'est suest & oest noroest: y a 40. brasses.

Sçaches que tenant Berisle au nord dés 80. brasses, auras 16. l. de 70. brasses 12. lieues, de 60. brasses 8. l. & s'entend nord & sud de la Marie.

Sçaches que tenant Berisle au nordest dés 100. brasses auras à terre 21. l. de 90. brasses 18. l. de 80. brasses 15. l. de 70. brasses 11. l. de 60. brasses 5. ou 6. l. & de 50. brasses vne lieue & demie.

Sçaches que tenant Groye au nordest dés 55. brasses auras à Groye 2. l. & troueras basse allant 3. l. à la mer de Peesmare allant à l'oest noroest tu doubleras Sain, & auec marée prendras de l'est: car l'eau court fort deuers Outanant & Sain.

Sçaches que tenant Glanan au nord dés 100. brasses, auras à terre 24. l. de 90. brasses 20. lieues, de 80. brasses 18. l. de 70. brasses 12. l. de 60. brasses 7. l. de 50. brasses 4. l. à la terre.

Sçaches que tenant Glaran au nord nordest de 100. brasses, auras à Glanan 22. l. de 90. brasses 18. l. de 80. brasses 16. l. de 70. brasses 12. l. de 60. brasses 7. l. & de 50. brasses 2. l. à la terre.

Sçaches que tenant Peesmare au nord des 100. brasses, auras à terre 20. l. de 90. brasses 17. l. de 80. brasses 14. l. de 70. brasses 8. l. de 60. brasses 6. l. de 50. brasses 2. l. à la terre.

Sçaches que tenant Peesmare au nord nordest dés 100. brasses auras à terre 17. l. de 90. brasses 14. lieues, de 80. brasses 11. l. de 70. brasses 8. l. de 60. brasses 5. l. de 50. brasses vne lieue & demie.

Sçaches que tenant Sain au nord de 100. brasses, auras à terre 15. l. de 90. brasses 13. l. de 80. brasses 11. l.

de 70. brasses 8. l. de 50. brasses 1. l. & demie, & ne t'abbaisses de 50. brasses dessus Sain.

Sçaches que tenant Sain au nord nordest à 100. brasses, tu trouueras à la sonde comme grosses escäilles rompuës, & entreras aussi toute la sonde comme dit est.

Sçaches que à trauers de Lirlesse à 76. brasses, trouueras arestes blanches petites, les aucunes rompuës, & entreras par le sable gros.

Sçaches que dessus Outanant à 60. brosses, trouueras basse, allant la voye du nord, & si la marée est assomyras de coup entre Glanan & Peesmare, à la route y a 40. brasses, le mesme entre Peesmare & Sain dessus Lauderue, y est basse entre Sain & Ochent à la route de nord & sud y, a 50. brasses, prends garde, car la marée court fort en la Guolle de Lirlesse, autour de Outanant aussi.

Sçaches que allant dessus Berisle allant chercher Sain ne t'abbaisses auec vent de la mer, à moins de 55. brasses, & prends les 60. brasses à la route de l'oest noroest, & quand seras tant auant comme Glanan ou Peesmare, ne t'abbaisse desdites brasses auec vẽt de mer, te suiurõt à la route de l'oest noroest iusques à Sain, & quand auras doublé Sain.

Sçaches que entre Glanan & Pees mare, à 60, brasses trouueras basse, & te suiuront les brasses iusques à L'auderne & Outanant, d'espuis trouueras fort grand collur, & de 60. brasses auras a terre 4. ou 5. l.

Sçaches que à un nauire qui est sur la pointe de Sain au pied d'elle, trouueras 50. brasses, & sus elle y a 20. brasses, & dedans la pointe y a 40. brasses ez fosses, sondecar de 45. brasses iusques à 40. tout est rocques.

Sçaches que les pescheurs de Sain disent que gisent l'est oest 2. baches 24. lieuës, & à 1. lieuë de terre y a 3. baches qui d'escouurent de basse mer, qui se nomment les baches fredes, au pied des baches qui sont plus à la mer, y a 45. brasses, au pied des plus à terre, y a 40. brasses dessus Sain, ne t'abbaisses de 50.bras. & seras aduisé,

S'ensuiuent les entrées des ports de France & Bretagne, iusques à Flandres.

Sçaches que si tu veux entrer dans Arcquasson par l'entrée principale pres la pointe de nord & sud, iras droit aux pointes iusques à 4. brasses, & porte vn boscage petit que verras à l'est suest, & ainsi n'ayes peur de pointe malle, depuis iras par dedans.

Sçaches que si tu veux entrer par les paus de Solac, pour accorder au nord & saincte Marie de Solac à l'est suest, & le puy blanc à l'est nordest & ainsi iras par dedans les Oliues & le cauiron, iras la voye de l'est nordest iusques à ce que descouures le Chasteau d'Aroncte par la pointe du bourdon qui est grande comme vne voille de nauire, laisse la marque du puy blanc, iras droit à la pointe du bourdon leuant le Chasteau descouuert de la pointe, & ceste entrée se muë beaucoup de fois, y a de basse mer 2. brasses & demie.

Sçaches que si tu veux entrer entre Cordan & le Cauiron, boute à Cordan au nord, & à S. Marie de Solac à l'est suest, & descouure par la pointe du bourdon du boscage, qui est plus dedans d'Aroane & tiens la largeur d'vne voille de nauire auec la pointe, & allant ceste marque leueras la pointe du bourdon quart de l'est, & le puy blanc à l'est nordest, en ceste entrée y a 2. brasses de basse mer, & quãd tu seras pres de la pointe du bourdon, donneras Amor deuers Ababour par les playes.

Sçaches que si tu veux entrer par les Asnes de Bourdeaux boute à Cordan à l'est, & la grand rondelle qui est deuers l'est nordest quart de nord, & iras la voye de nordest quart de nord iusques à trauers les puis plus grãds qui sõt dãs la sabliere de Bergerac à l'estnordest iusques à ce que tu boutes à Cordã auec S. Marie de Solac ouuerte la largeur d'vne voile de nauire, & que Cordan soit deuers le nordest, alors tu seras à trauers de la Mauuesse, & tiendras à Cordan au suest quart de sud, & quād tu doubles le Mauuesse, tiendras la grand rondelle au nord, & pour te garder de la Mauuesse porte le clocher au cor d'vne voile par dessous du cap de la terre noire, alors seras au pied de la Mauuesse, depuis iras au long de la terre, deras Amor à la terre noire par plaisir.

Sçaches que si tu veux venir deuers la Rochelle, & si tu voulois entrer par l'Asne de Bourdeaux, ne t'approches à l'Asne à moins de 12. brasses, iusques à ce que tu prendras les marques susdites, & ceste entrée iette la marée dessus la Mauuesse, & la Iusante dessus l'Asne & ne t'approches à l'Asne à moins de dix ou douze brasses, & pource que és à picque, & deuers la Mauuesse és à picque à la Mauuesse, ne t'approche à moins de 8. ou 9. brasses: car de l'vne sonde à l'autre seras dessus elle, & si a grand mer la verras rompue entre l'Asne & la Mauuesse y a 22. brasses à l'entrée de l'Asne, trouueras 7. brasses, & y a paramentes.

Sçaches que deuers l'oest de Malmisson, verras la Tour d'Oleron, & quand seras à trauers dudit Oleron, cela te semblera comme vne voile de nauire, & deuers l'oest de la Tour d'Oleron verras vne Eglise qui se nōme sainct George, & deuers l'oest de ceste Eglise, verras Sardinero, il te semblera 3. ou 4. pois de sable, & semble tout en vn, & le poy deuers le noroest est plus haut; deuers l'oest de Sardinero, verras sainct Denis; deuers l'est de sainct Denis verras 2. moulins à vent qui sont dessus vne montagne.

Sçaches que si tu veux entrer au bois de la Rochelle par le pertuis d'Espagne, porteras descouuerte toute la la ville de la Rochelle deuers le suest de la pointe du port neuf, & pour garder des corralles de S. Marie la blanche, & du banc qui se nomme Rybaldin, & poseras audit boscage à 6. brasses, & si voulois aller à la vaze vielle ou à la chesne, tu as mestier de marée & pleine mer & eaux viues si tu as grand nauire, & si tu voulois aller à la palice de la mer en dehors par le pertuis d'Espagne par le milieu à l'est nordest, ainsi côme si tu estois au bocage par le banc de Rayuadin, descouure là baye de la palice, tu iras droit à Labadie, & pose vn petit du suest de Labadie à 7. ou 8. brasses, tu auras bon lieu de suest iusques au noroest tout de vent d'aual.

Sçaches que si tu veux entrer par le pertuis de Bretagne, que l'entrée gist est suest & oest noroest, approche toy plus au Certan comme si tu estois à l'Isle de Ratos, & eslargis toy de l'Ostral de sainct Martin, & leue la sonde destibour, & iras poser à trauers de sainct Martin, depuis iras droit au cap du port neuf: car tout est sain deuers le Certan.

Sçaches que si tu veux entrer au plomb il faut prendre pleine mer d'eau viue, si tu as grand nauire: car de basse mer toute l'entrée demeure à sec, & dedans y a vn pos, & y a de basse mer trois brasses & demie.

Sçaches que si tu veux aller à l'Isle d'Arcas du boscage en dehors, iras tout droit à l'Isle; laisse l'Isle d'Ababour, & poseras à 4. brasses de basse mer.

Sçaches que si tu veux entrer dans Ollonne, qu'il est 5. lieues deuers le noroest du pertuis de Bretaigne, & y a entre Ollonne & le pertuis vn grand boscage qui dure iusques au pertuis, qui se nomme Monte de Yarte, & si voulois entrer en Ollonne iras au haure, ou poseras à 10. brasses, & prendras la mer.

Sçaches que si tu veux entrer dans sainct Gil, iras droit au haure, il y a vn clocher, & poseras à 6. brasses, & prendras la mer.

Sçaches que si tu veux poser dans Vges, poseras au grand, deuers le suroest à 6. brasses, & si tu voulois poser dans Vges de vent de nordest, poseras à trauers du

Chasteau qui est deuers le suroest à 16. ou 18. brasses.

Sçaches que si tu veux poser dans Berisle au cap de la Marie pose à 10. ou 12. brasses: le lieu est bon de suroest de la au noroest.

Sçaches que si tu veux poser en Berisle deuers le cap de noroest pose à 6. ou 7. brasses, le lieu est bon de vẽt de val, & si voulois poser par tout le tour de Berisle, pourras poser en portant le plom selon le temps.

Sçaches que si tu veux aller en Buscar de Murbian, quand seras à trauers de l'Isle de Bas, deuers le noroest sur vne terre qui se nomme S. Iacme darnis, ne t'approches trop à terre, & porte tousiours ouuert le clocher de la pointe a trauers de S. Guidast, y à vne bache; pour te garder d'elle porte vn pin petit que verras à la riuiere de dehors l'Isle qui est a l'entrée de Murbian, & tenant ledit pin par la trancque de l'Isle iras sur vne bache, mais porteras ledit pin par l'vne part ou par l'autre, & tien toy à la terre de l'est, & seras aduisé au tout.

Si tu veux entrer dans Benaudet par l'entrée de l'est & le cap de l'oest de Glaran tenãt en vn cõme vne Eglise qui est deuers Glarã iusques que tu sois a trauers de la sabliere de ponlabe, d'escouure l'Isle de Glarã par l'Isle du Montonet, longueur d'vne gallere deuers le nord, & si d'auanture ne pouuois voir glaran ny l'autre Isle, porte le boscaige comme la sabliere de ponlabe tout en vn gist le carreyo nodest & suroest quart de nord & su; tu iras au long de la terre dababour iusques à tant que tu trouues les trois pilles de pierres en vn, & pose deuers l'oest l'ancre au sec, & l'autre deuers l'est à vne Eglise.

Sçaches que si tu veux entrer par le chenal deuers l'oest, & si tu as cognoissance de la terre iras sus des boscaiges qui sont deuers Benaudet, & boute les au nordest prens de nord, & gist nord nordest & su suroest.

Sçaches que si tu veux entrer dedans à Pees mare, tu auras cognoissance des grandes rocques, & y a 2. entrées l'vne deuers l'est, & l'autre deuers le su, & là deuers le su est le maior : car l'entrée est de su ; & s'il te faut entrer par force en Pees mare, tu iras droict aux rocques plus grandes : car la trouueras l'entrée, & laisseras les rocques plus grandes deuers Ababour, tu iras droict a vn sable, pose à 7. ou 8. brasses.

Sçaches que si tu veux entrer au raz d'Antona deras vn petit arim aux Farrillons du cap, saches que la marée iette à l Esteuen, & quand tu seras à l'Esteuen, cours au nord quart de nordest iusques à ce que tu passe a Cullepara, & si tu entres par Antona, & veux aller à gradon par dedans le Torlingat entreras à vne lieuë du cap de nord quart de noroest par vne bache qui gist au nord, & d'espuis iras droict au Torlingat au nord nordest, & les laisseras d'Ababour, & iras par le milieu au long de la terre de gradon, & poseras à 5. ou 6. brasses; tu sortiras le cap à l'oest, & S. Mayo au noroest.

Sçaches que si tu veux poser au vieux gardon, que le cap est haud a trauers du cap de l'entrée à 2. ainltes, gist vne bache, tu as de courre fort à terre, ou aller bien au large, & poseras deuant à 5. ou 6. brasses.

Sçaches que si tu veux entrer dans la Baye de Brest, gist l'entrée à l'est, & au milieu de la chenal gisent des rocques qui se nomment filhetes, demy marée de la au milieu gisentes elles sont couuertes, & de basse mer paroissent; laisse les iusques à ce que tu les ayes au tour selõ que tu auras le vent: elles sont a demy chenal en d'escouurant les Isles qui sont à la baye de la bande de su, & poseras la ou te plaira : car le lieu est net & sain.

Sçaches que si tu veux entrer dedans Brest, iras droit au Chasteau, & le laisseras deuers Stibour, & entreras par le milieu de la chenal, & poseras entre le Chasteau & le sable qui est de l'autre bãde, tu poseras à 7. où 8. b.

Sçaches que si tu veux poser à Bertume auec temps de noroest, ou nord, ou nordest, poseras à trauers d'vne sabliere à 4. brasses, & l'oest te viendra par la pointe de l'Isle, & la y a vne sabliere, & y a vne fontaine de eau douce.

Sçaches que à la mer de l'Isle de Bertume, à vn trait d'Artillerie y a vne bache, & sus elle y a 2. brasses & demie.

Sçaches que si tu veux poser à S. Mayo de vent de nord ou nordest, poseras à 15. ou 16. brasses. Et si tu veux aller de S. Mayo à Bertume tiédras ouuert le bermigel, & la pointe de S. Mayo, à cause de la bache, qui se nomme la galynaterre.

Sçaches que si tu veux poser en S. Cicque, qui est deuers le nord de S. Mayo. entre S. Mayo & Concquer, poseras de vent de nordest, à 7. ou 8. brasses, & si tu voulois poser à Concquer à 6. brasses seras en mauuais lieu: car y a grand courent. & si tu veux entrer au cay de Concquer, auec vn nauire grand de 2. brasses, prendras pleine mer, & quand seras au cay demeureras en sec ez sables durs.

Sçaches que si tu veux poser dans Beaulsanim, poseras à 7. brasses, le lieu est bon de vent de val, & si tu vas à S. Mayo au Hour par dedans la Vnaterre iras pres de la pointe de Beaulsanim & deras vn petit a rim à la pointe, sçaches qu'il y a vn petit sable qui est deuers le nord de Concquer, & la vnaterre gist est oest; la vnaterre est vne rocque qui paroist de basse mer, y a passage tant de l'vne part que de l'autre.

Sçaches que si tu vas de S. Mayo au Hour, & si tu as marque cour au nord quart de nordest, & mettras à l'Eglise de S. Mayo dehors la poincte de Cõcquer en plus d'vne voille, & ainsi iras au Hour.

Sçaches qu'vn nauire qui part de Biaulsanim pour aller au Hour bouttera à l'Eglise de S. Mayo à la Sille de Concquer, & ira en vne bache qui est a trauers de l'Isle de Ogar.

Scaches

Sçaches que si tu veux entrer en Barbarac deuers l'oest il te faut cognoistre la terre de Porsaut, & depuis iras a des rocques qui gisent est oest de l'entrée, ces rocques semblent organes, & quand tu seras à trauers d'elles iras à l'est, allant à l'est verras des rocques deuers le nordest, & sont les marques suiuantes, à sçauoir, vne Eglise qui est dessus vne montagne petite qui semble vn hour, qui paroist basse pres de la mer, tu bouteras à ladite Eglise ainsi, & descouure l'entrée :car cecy n'a besoin à cause d'vne bache qui gist deuers Ababour du bocament de l'entrée, & quand seras à trauers de ceste bache regarde deuers Stibour, descouure vne montagne de sable de la premiere grande rocque de l'entrée de la terre, depuis iras la ou te plaira, car tout est sain.

Sçaches que si veux entrer par le chènal de nord de Barbarac, il te faut cognoistre la requeste dudit Barbarac & le bocament, & aller à vne montagne, & de ceste montagne à la requeste de Barbarac, & quand seras au bocament regarderas deuers le suroest, & verras vn moulin à vent dessus la terre, iras de tout temps au moulin tout droit de la en là, & descouure toute l'entrée, puis quand seras au mitant de l'entrée iras dela en dehors la ou te plaira.

Sçaches que si tu veux entrer dans l'Isle de Bas, auras par cognoissance le clocher de sainct Paul de Leon qui paroist de la mer en dehors, comme deux mats de nauire.

Sçaches que allant du Hour à Barbarac de nuict ou sarrazon auec vent, ne t'approche pas à la terre à moins de 40. brasses, car au pied des rocques, y a 35. brasses.

Sçaches que si tu veux entrer en sainct Guidasi, verras vne Eglise blanche dessus vn Pedrigal, & bouteras à l'Eglise par le milieu du haure, entre dedans, & deras arim à la pointe de suroest, d'autant que gisent des baches couuertes dehors la pointe, & poseras dedans la ou

D

il te semblera, & le haure gist nord noroest & su suroest, & garde de Barbarac à gualbay, 35. brasses.

Sçaches que de gualbay à l'isle de Bas, approche toy iusques a 25. brasses par les planieres qui sont iusques au deuant.

Sçaches que si tu veux entrer en Brehac à l'ancraison, à la pointe deuers l'oest, poseras à 8. brasses: & au fõds est nette, & si tu veux aller a la ville qui est deuers le su de Brehac, qui a nom Ponpul, est vne ville pres, & si tu voulois aller cercher S. Michël en partant de l'ancraison de Brehac allant à la routre de l'est suest trouueras cap de Late, y a 18. lieuës.

Sçaches que si par aduenture tu viens par dehors de Lorrene, est au milieu du chemin la rocquetobas allant à l'est suest, iras au milieu de la comporte de S. Mallo, & si tu ne pouuois entrer dedans iras sus le Chasteau de Late & poseras a trauers de luy, à 8. brasses.

Sçaches que si par aduenture ne voulois poser, & si tu vas par la comporte, sçaches que vn homme qui est aduisé d'entrer vn nauire par ceste marque sçaches que la comporte est deuers Ababour, & y a vne Eglise petite, & la laisseras deuers Ababour, & prendras ceste marque. Sçaches que vne ville qui se nomme Cité vieille la voyras deuers le suest de S. Mallo, & quand tu seras à ladite comporte prendras la muraille de la ville de S. Mallo, & de la Cité vieille deuers l'est, & iras sur la ville de S. Mallo, & le bouteras de longueur d'vne esquiffe dedans, de ceste marque, & poseras deuers S. Mallo & gist vn Isle petite qui se nomme S. Marie de Boya, tu te garderas d'aller dessus elle, car au ras d'elle y a vne bache, & iras par ceste marque de la muraille de la Cité vieille de S. Malo, iras poser à trauers de S. Malo, & si y a pleine mer y a 13. brasses, & de basse mer, y a 4. brasses, & si tu ne voulois poser iras à la Cité vieille & la laisseras d'Ababour, tu verras vn Chasteau de dãs,& iras poser a trauers d'elle l'vne ancre en terre vers la Cité vieille,& l'autre vers le sud en sec,cecy est sable.

Sçaches que si par aduenture tu sors par la comporte dehors, & si tu ez à cercher Brehac, ne va pas a l'est noroest: si tu ne veus aller dedans Brehac; s'il y a mauuaise marée, & montant iras à l'oest noroest, & si est iusante, iras au noroest quart de l'est, & iras bien en ceste voye iusques à la moytié du chemin, & despuis iras à l'oest noroest par la moytié du chemin, cecy est en l'Orreine d'Arocquetobas, & de S. Mallo.

Sçaches que de Brehac à l'Andriger, y à 4. lieuës,& y a 2. chenals: & se nomment l'vn Almades, & l'autre Torata; & ne pourras entrer sinon que soit belle mer, & à S. Guidast, y a vne lieue, & si tu vas dessus le haure S. Guidast, trouueras vn arbre qui est deuers le nord: il se nõme port blanc, & semble à l'entrée de S. Guidast, & de cét arbre à sainct Guidast y a vne lieue, & ces deux arbres se semblent fort: car force nauires entrent au port blanc en pensant qu'ils entrent à S. Guidast, & S. Guidast a des maisons proches de la mer, & a vne Eglise deuers le suroest de la ville, tu prendras le clocher de l'Eglise, & le bouteras deuers la porte qui est deuers l'est, tu verras l'arbre descouuert, & poseras la ou te plaira; le plus mauuais vent est noroest, cecy est dedans S. Guidast, allant chercher les 7. Isles, l'entrée de S. Guidast gist nord nordest & sud suroest.

Sçaches que si tu veux poser dans Garnesnye, entreras par le cap de sud suroest, alarge toy de la pointe ou gist vne bache à 2. aiustes de la terre; ladite bache paroist de basse mer, tu poseras à la premiere sabliere, & si tu veux aller deuant la ville, prends la mer.

Si tu veux poser en Chiriboure de vẽt d'aual, poseras vn petit deuers l'oest de la ville à 6. b. auras abrigo de nordest iusques au noroest suroest, & si voulois entrer dedãs Chiribourc prẽdras pleine mer,& laisseras la ville Destibour,& en[illegible]eras par le milieu: car tout est à sec.

Sçaches que si tu veux poser à la Oga, bouteras la pointe au nord noroest, & poseras à 6. brasses.

Sçaches que si tu voulois poser à Chaore, poseras a trauers des maisons des pescheurs à 6. brasses.

Sçaches que si tu veux entrer en Villaruille, prendras marée : car de basse mer, ny a qu'vne brasse & demie, & à l'entrée prendras pour marque vn cap blanc qui est taillé comme sçais qui est dessus de viue flor à l'est nordest, & porteras ouuert ce cap auec le cap de S. Marie de viue flor longueur d'vn esquif: ainsi entreras par le milieu de la chenal, & poseras a traueras du plus haut du rotier à 6. brasses, & si tu voulois aller à viue flor, prendras la mer & bonne marée si as grand nauire.

Sçaches que si tu veux poser à la Orcade de Diepe, poseras à 8. brasses en paroissant la iustice, & le noroest te viendra par la pointe.

Sçaches que si tu veux poser au cap Darnes, poseras a trauers du village, a 15. brasses.

Sçaches que si tu veux poser à la Orcade de Calles, poseras à 6. brasses deuant la Cité, & si tu voulois poser dedans Calles prendras pleine mer, & laisseras la tour de l'entrée deuers Stibour, & iras au long de la paliçade, & amarreras en la fosse, deras en sec.

Sçaches que si tu veux entrer ou poset en Medianburc, prendras la sonde a trauers de Ostende, & iras par les 5. ou 6. brasses, & iras ainsi iusques à ce que tu boutes le clochier de Ys auec le clochier d'Vringes, & prẽdras pour marque le clocher de Cassolle d'vn cable deuers le nord d'vn poys de sable qui sont à l'Isle de Chacolle à la riuiere, & par ceste marque susdite iusques à ce que soient l'vne pour l'autre, le clochier de S. Caterine, & le clochier Descapol, despuis iras au nordest iusques à ce que tu passes le blanc de la pointe de Gassarolle, & iusques la, tu bouteras la pointe de Chacolle auec saincte Marie de Retanbourc, despuis iras à l'est nordeſt & prendras d'auantaige de nordeſt iuſques à tant que tu paſſes le banc de Chacolle.

Sçaches que quand auras le clochier de Chacolle au ſu ſuroeſt, ſeras à trauers du banc de Chacolle.

Sçaches que auſſi bien pouras entrer auec ces marques ſuiuantes; quand tu ſeras au careyo bouteras le clocher de S. Catherine, & le deſcrapol tout en vn, coureras au nordeſt iuſques à ce que tu boutes la pointe de Chacolle auec ſaincte Marie de Retanbourc, deſpuis cour au nordeſt quart de l'eſt iuſques à ce que tu deſcouure le clochier de Pichilinges d'vn cable à l'entrée és barres en portant le clochier de Pichilinges deſcouert d'vne cable comme dit eſt, & allors n'ayes peur du banc de Chacolle ny de aucun autre, porteras touſiours la sõde Deſtibour, & t'aprocheras à terre iuſques à 5. ou 6. braſſes car la moindre eauë, eſt la de ce carreyo, & quand auras à ſaincte Marie de Retambourc, auec la maiſon de la Caua llerie du Chaſteau de l'eſcluſe l'vn pour l'autre, auras de tout baſſe mer 4. braſſes & demie à la chenal, y a grande vaze.

Sçaches que ſi tu veux entrer en Zelande & Agnoſſes trauerſe de noroeſt, & pour entrer deueres le vent de la chenal, prendras les marques ſuiuantes, ſçaches que le clochier de la Dune iuſques entre Oſtende & Blancaberge, & le clochier de Dunagaſte, & les clochiers d'vrniges giſent noroeſt & sueſt, à ce clochier auras bonne marque pour entrer au carreyo ſuſdit, & iras en ſondant au long de la coſte de la à 5. braſſes, prends le clochier de Dunagaſte par terre à cauſe des pilles de pierre qui ſont à la riuiere ioignant le clochier, tu leueras le clochier deuers la terre des Poys de ſable de la largeur d'vne voille de nauire, ce cy te gardera du banc d'Arẽquer, cecy va à la coſte d'Oſtende de la à la pointe de S. Catherine.

Sçaches que ſi t'eſt force d'entrer à L'eſcluſe pour ny

pouuoir plus rien faire, iras au long de la coste comme si tu estois à Zelande iusques là, & bouteras les trois voyes auec saincte Catherine, & depuis iras droit à elles en ceste voye & iras au suest, car ainsi gist le careyo des premieres trois voys, & depuis iras au long de la terre comme te semblera.

Sçaches que si par aucun temps il te falloit courre la coste d'Ollande trespant à Zelande, ou par fortune de temps. En l'Isle de Zelande sur toutes choses y a vn grād clocher & deux petits l'vn pres de l'autre, & auras pour cognoissance d'Escrapol, des grandes sablieres qui sont montres de sable à vn grand clocher long & estroit deuers le nordest, & vn autre plus petit & long, par ces marques cognoistras que tu as outrepassé la coste de Flandres, & ceste terre te demeurera à l'est suest, tu sonderas & trouueras 18. ou 20. brasses; ne t'approches à moins de 12. brasses, & n'entre point tant à la coste iusques à ce que sortent les caps est oest iusques là, & ayes l'entrée descouuerte, tu pourras aller au long de la terre Destibour en sondant par les 5. ou 6. brasses iusques à ce qu'apperçoiues les voyes; Sçaches qu'en ceste entrée y a voyes comme à l'Ecluse, & y a de basse mer aux voyes 3. brasses, tu iras ainsi, & seras aduisé au tout.

Sçaches que si par aduanture tu es à la coste de Flandres en passant le banc du Monge & Nieuport, & que tu ne peusses reparer à la Sigle, cours au nord quart de nordest, & iras à vn lieu qui se nomme le cap de vntre. Sçaches que par ce chemin allant en ceste route tu trouueras vn banc qui se nomme Flesflande, il a 4. l. lieues de longueur & 12. de largeur, & en cestuy-cy il n'y a moins de 18. brasses, & sçaches que quand tu auras couru 45. lieues au nord quart de nordest, courreras au nord nordest & iras au cap de Guefero, il y a de Ostende au cap de Guefero 22. lieues; tu verras dessus ce cap deux grandes montagnes & le cap gist bas, l'vne coste noroest & suest, l'autre nordest & suroest ; la coste qui va noroest & suest, va par Noga ;& celle qui va nordest suroest, va par Aprica; quand tu seras pres du cap deuers le suest y a tant de ports que c'est merueille; tu dois sçauoir que partant de Nieuport ou des Monges courant au nord, trouueras vne terre qui tient dessus le haure qui se nomme Estoua, y a de trauerse 32. lieues, & est vne terre de sable.

S'ensuiuent les lieues de la coste de Flandres iusques à Pichilinges.

SCaches que du cap de S. Marguerite au banc du Mõge, il y a 14. l.
Du banc du Monge à Blancaberge, 9. l.
De Blancaberges à Pichilinges, 7. l.
De Calais à Guauerlinges, 3. l.
De Guauerlinges à d'Vnquerque, 4. l.
D'Vnquerque au Monge, 4 l.
Du Monge à Nieuport, 2. l.
De Nieuport à Ostende, 2. l.
De Ostende à Blancaberge, 4. l.

S'ensuiuent les marées de la coste de Flandres.

TV sçauras que de l'Estrecho iusques à D'vnagaste, la Lune au sud suroest, pleine mer de Alture & de corrente au suroest quart de l'oest.

Item en d'Vnagaste, la Lune au sud suroest, pleine mer, & de corrente au suroest.

Item à trauers de Ostende, la Lune au sud suroest, pleine mer, & de corrente au suroest.

Item en l'Escluse, la Lune au sud quart de suroest, pleine mer de Alture & de corrente quart de sud, pleine mer.

Item en Pichilinges, la Lune au sud quart de suroest, pleine mer de Alture & de Corente au su oest.

Item en Remensin & en Roua, la Lune au suroest quart de sud, pleine mer de Alture & de corrente comme eaux viues à l'oest suroest.

S'ensuiuent les cours de Pichilinges iusq ues à l'Estrecho.

TV sçauras que dans l'Estrecho vient la iusante de nordest quart de nord.

Item de Guauerlinges à l'Estrecho, vient la iusante de nordest, prends de nord.

Item de d'Vnquerque à Guauerlinges, vient la iusante de nordest.

Item du Monge à d'Vnquerque, vient la iusante de nordest quart de l'est.

Item sur le banc de Monge, vient la iusante de nordest quart de l'est.

Item de Ostende iusque au Monge, vient la iusante de l'est nordest.

Item d'Vnagaste iusques à Ostende, vient la iusante de l'est nordest.

Item du Monge iusques que seras entre Nieuport & Ostende, vient la iusante de nordest quart de nord.

Item de Blancaberge iusques à Dunagaste, vient la iusante de l'est nordest.

Item de la pointe de saincte Catherine iusques à Blãcaberge, vient la iusante de l'est.

Item tu dois sçauoir que de Pichilinges à Blancaberge, vient la iusante de pleine mer iusques au milieu de la iusante de l'est suest & de moitié iusante iusques à basse mer au long de la coste des bancs, & en ce paraige la marée te amarera, & la iusante te iettera dehors.

Item en Larencquer & Escrapol, vient la prime maste de noroest quart de nord & nord noroest.

S'ensuiuent les routes de la coste d'Angleterre, & de Surlinge iusque à Tened.

TV sçauras que Sain & Surlinge gisent nord noroest & sud suest: y a 42. l.

Gisent Ochent & Surlinge noroest & suest quart de nord & sud: y a 34. l.

Gisent Surlinge & le cap de Longaneos est nordest & oest suroest: y a 7. l.

Gisent Surlinge & Peyre Lucya, est oest, y a 7. lieues.

Gisent Peyre Lucia & Longaneos, nord nordest & sud suroest: y a 2. l.

Gisent Longaneos & le cap d'Alisart, est suest & oest noroest: y a 8. l.

Gisent Musaolle & Alisart, noroest & suest quart de l'est oest: y a 5. l. & si vas de Longaneos par Musaolle, garde toy de la rocque Rynart, qui est pres du cap de Longaneos, & se couure deuers la mer.

Gisent Surlinge & Alisart, est oest: y a 14. l. en ceste voye iras dehors à vne lieue.

Gisent le cap d'Alisart & Falamne, nord & sud, y a 2. lieues.

Gisent Alisart & Gudinan, nordest & suroest quart de nord & sud: y a 7. l.

Gisent Fallamne & le cap de Gudinan, nordest & suroest quart de l'est oest: y a 4. l.

Gisent Gudinan & Fabic, nordest suroest quart de l'est oest: y a 4. l.

Gisent Gudinã & le cap de Rame, est nordest & oest, suroest: y a 8. l.

Gisent Gudinan & la Benedite, est oest, prenant de noroest suroest: y a 10. l.

Gisent Fabic & le cap de Rame, est oest quart de noroest & suest: y a 4. l.

Gisent Alisart & la Beneditte & le cap de Butre, est nordest & oest suroest: y a 21. l.

Gisent le cap de Rame & la Beneditte, nord & sud, prenant de nordest & suroest: y a 2. l.

Gisent la Beneditte & l'entrée de plemna nord nordest & sud suroest: y a 2. l.

Gisent la Beneditte & le cap de Butre, est oest quart de nordest & suroest: y a 6. l.

Gisent le cap de Butre & Guodester, est oest quart de nordest & suroest: y a 4. l.

Gisent Guodester & Torres, nord nordest & sud suroest: y a 4. l.

Gisent Gaudester & Porlaus, est nordest & oest suroest: y a 19. l.

Gisent Gaudester & le cap de Toro, est oest quart de nordest suroest: y a 30. l.

Gisent Porlaus & le cap de la Polle, est nordest & oest suroest: y a 8. l.

Gisent Porlaus & les Agules de l'Isle d'Vye, est nordest & oest suroest, y a 12. l.

Gisent Porlaus & le cap de Toro, est oest, y a 15. l.

Gisent le cap de Polle & les Agulles de l'Isle d'Vye, est suest & oest noroest: y a 5. l.

Gisent le cap de Toro & la Cité, est nordest & oest suroest: y a 7. l

Gisent le cap de Blanc & la Cité, est oest, prenant de nordest & suroest: y a 5. l.

Gisent le cap de S. Ellene & la Cité, est oest, prenant de noroest & suest: y a 5 l.

Gisent le cap de Toro & Beochep, est oest quart de nordest & suroest: y a 18. l.

Gisent Beochep & Herlage, nordest suroest, quart de l'est oest; y a 6. l.

Giſent Beochep & la pointe de Romaneos, eſt nordeſt & oeſt ſuroeſt: y a 12. l.

Giſent Romaneos & le cap de ſaincte Marguerite, nordeſt & ſuroeſt, prends de nord & ſud: y a 7. l.

Giſent Romaneos au milieu de l'Eſtrecho, nordeſt & ſuroeſt quart de l'eſt oeſt: y a 10. l.

Giſent Beochep & le cap de Saucater, eſt nordeſt & oeſt ſuroeſt: y a 20. l.

Giſent Dobre & Calais, eſt ſueſt & oeſt noroeſt: y a 7. l.

Giſent le cap de ſaincte Marguerite & la pointe de Gudine eſt nordeſt & oeſt ſuroeſt: y a 1. l.

Giſent le cap de ſaincte Marguerite & Tened, nord & ſud quart de nordeſt: y a 3. l.

Item tu dois ſçauoir que ſi tu pars de la Dune ou du cap de ſaincte Marguerite pour aller à Tened, giſt le careyo nord nordeſt & ſud ſuroeſt; garde toy d'vn banc de ſainct Duchs, ne t'approches deuers ſainct Duchs à moins de 5. ou 6. braſſes, & d'Alegudine à moins de 9. braſſes, & te regleras auec la ſonde.

Item tu dois ſçauoir que venant de Romaneos, voulant aller en Flandres il y a vne bache entre Dobre & Romaneos bien 4. l. à la mer & giſt auec Romaneos nordeſt quart de l'eſt.

S'enſuiuent les marées de la coſte d'Angleterre.

Sçaches que autour d'Ochent, conte la pleine mer, la Lune à l'eſt & au chemin de nordeſt & ſuroeſt iuſques à Gaudeſter, conte la Lune au ſueſt.

Item en Surlinge la Lune au nordeſt quart de l'eſt, pleine mer.

Item en Longaneos, la Lune à l'eſt nordeſt, pleine mer.

Item en Muſaolle, la Lune à l'eſt nordeſt, pleine mer.

Item dedans Fallamne, la Lune à l'est nor dest, pleine mer, & dehors à l'est quart de suest.

Item en Fabiç, la Lune à l'est quart de nordest, pleine mer dedans les caps d'Alisart, à Gaudester, la Lune à l'est suest pleine mer, & dehors les caps, la Lune au suest quart de l'est, pleine mer.

Item en Plenma, la Lune à l'est quart de nordest, pleine mer, & dehors à l'est suest.

Item dedans Artamne, la Lune à l'est, pleine mer, & dehors à l'est suest.

Item dedans Torres, la Lune à l'est, pleine mer.

Item à trauers de Porlaus, à 3. ou 4. l. à la mer, la Lune au suest quart de sud, pleine mer.

Item au paus de Porlaus, la Lune à l'est suest, pleine mer, & dehors au suest.

Item à les Agulles, la Lune au suest quart de sud, pleine mer.

Item à trauers du cap de Toro, la Lune au sud suest, pleine mer, & pour poser Destancque prends de sud.

Item en Antona & en Por sume, & en Calcoras, la Lune au sud quart de suest, pleine mer.

Item en Sorran, la Lune au sud quart de suest, pleine mer.

Item au dos de Beochep, la Lune au sud, pleine mer, & par dehors prends vn quart de suroest.

Item à trauers de Herlage, la Lune au suroest, pleine mer.

Item dans la chambre, la Lune au suest, pleine mer.

Item en Romaneos à 24. brasses, la Lune au suroest, pleine mer.

Item dans la d'Vne, la Lune au sud suroest, pleine mer.

Item en sainct Duchs, la Lune au sud suest, pleine mer.

Item aux clochers & Margita, la Lune au suest, pleine mer.

Item en Doure, la Lune au sud, pleine mer de Alcure & Destancque au suroest.

S'ensuiuent les tours au long de la coste d'Angleterre.

TV sçauras que d'Alisart à Longaneos, vient la iusante de l'est suest.

Item de Gudinan à Alisart vient la iusante de l'est nordest.

Item de Porlaus à Gaudester, vient la iusante de l'est nordest.

Item de Gaudester au cap de Rame, vient la iusante de l'est.

Item de Porlaus à Lim, vient la iusante de suest, & la marée va au suest du sac de Porlaus.

Item du cap de Toro iusques à Porlaus, vient la iusante de l'est quart de nordest.

Item pres de la cité à 14. ou 15. brasses, vient la iusante de nordest quart de l'est.

Item de Beochep à l'Isle d'Vye, vient la iusante de l'est quar de nordest.

Item de Romaneos à Beochep, vient la iusante de nordest quart de l'est, prends plus de l'est nordest.

Item de Dobre à Romaneos, vient la iusante de nordest.

Item de Tened au cap de saincte Marguerite, vient la iusante de nord.

Item en la Tamise, vient la iusante de l'oest suroest.

S'ensuiuent les lienes de la coste d'Angleterre.

TV sçauras que de Surlinge à Longaneos, y a 7. l.

De Longaneos à Alisart. 8. l.

D'Alisart à Gudinan.	7. l.
De Gudinan à cap de Rame,	7. l.
De cap de Rame à cap de Butre,	7. l.
De cap de Butre à Gaudester,	3. l.
De Gaudester à Torres.	4. l.
De Torres à Porlaus,	14. l.
De Porlaus à l'Isle d'Vye,	14. l.
Des Agulies à S. Ellene,	7. l.
De S. Ellene à Beochep,	18. l.
De Beochep à Herlage,	6. l.
De Herlage à Romaneos,	7. l.
De Romaneos à Dobre,	7. l.
De Dobre à Calais,	7. l.
Du cap de S. Marguerite au cap de Tened.	3. l.

S'ensuiuent les trauerses de la coste d'Angleterre en chemin de nord & sud à la coste de Normandie & Picardie.

GIst Ochent & Longaneos, nord & sud quart de noroest & suest: y a 30. l.

Gisent Ochent & Alisart, nord & sud: y a 20. l.

Gisent Beaulsanim & Gudinan, nord & sud: y a 38. lieues.

Gisent Barbarac & la Benedite, nord & sud: y a 27. lieues.

Gisent Porsaut & le cap de Rame, nord & sud: y a 26. lieues.

Gisent l'Isle de Bas & Gaudester, nord & sud: y a 25. lieues.

Gisent les 7. Isles & Torres, nord & sud: y a 16. lieues.

Gisent les Casquets & Porlaus, nord & sud: y a 12. lieues.

Gisent Bairafler & l'Isle d'Vye, nord & sud: y a 15. l

Gisent l'Oga & le cap de Caür & Beochep, nord & sud: y a 25. lieues.

Gisent Secan & Herlage, nord & sud: y a 15. l.

Gisent Cortay & Dobre, nord & sud quart de nordest & suroest: y a 18. l.

Gisent Dobre & Calais, est suest & oest noroest: y a 7. lieues.

S'ensuiuent les trauerses d'Angleterre en chemin de nord & sud quart de nordest & suroest.

GIst Ochent & Gudidan, nord & sud, quart de nordest & suroest: y a 30. l.

Gisent le Hour & le cap de Rame, nord & sud quart de nordest & suroest: y a 28. l.

Gisent Barbarac & le cap de Butre, nord & sud quart de nordest & suroest: y a 30. l.

Gisent l'Isle de Bas & Torres, nord & sud quart de nordest & suroest: y a 25. l.

Gisent Guarnasnie & Porlaus, nord & sud quart de nordest & suroest: y a 15. l.

Gisent les Casquets & le polle, nord & sud quart de nordest & suroest: y a 18. l.

Gisent cul de Lague & les Agulles, nord & sud quart de nordest & suroest, y a 20. l.

Gisent le cap de Bairafler & le cap de S. Elaine, nord & sud quart de nordest & suroest: y a 28. l.

Gisent Antifer & Beochep, nord & sud quart de nordest & suroest: y a 15. l.

Gisent le cap de Caür & Herlage, nord & sud quart de nordest & suroest: y a 23. l.

S'ensuiuent les trauerses d'Angleterre en chemin de nord nordest & sud suroest quart de nord & sud.

TV sçauras que Gisent Ochent & Porlen, nordest & suroest: y a 53. l.

Gisent Ochent & Lebenedite, nord nordest & sud suroest: y a 30. l.

Gisent Ochent & Gaudester, nordest & suroest quart de nord & sud: y a 38. l.

Gisent Lorrene & l'Isle d'Vye, nordest & suroest: y a 55. l.

Gisent Barbarac & Torres, nord nordest & sud suroest: y a 30. l.

Gisent le Hour & le cap de Butre, nord nordest & sud suroest: y a 30. l.

Gisent les 7. Isles & Porlaus, nord nordest & sud suroest: y a 24. l.

Gisent cul de Lague & l'Isle d'Vye, nord nordest & sud suroest: y a 22. l.

Gisent le cap de Bairafler & la Cité nord nordest & sud suroest: y a 20. l.

Gisent le cap de Caür & la chambre, nord & sud quart de nordest & suroest: y a 23. l.

Gisent Barbarac & Porlaus, nordest & suroest quart de nord & sud: y a 45. l.

Gisent l'Isle de Bas & la Polle, nordest & suroest quart de nord & sud: y a 36. l.

Gisent les Chasteaux & les Agulles, nordest & suroest quart de nord & sud: y a 18. l.

Gisent Chiribourc, & la Cité, nordest & suroest quart de nord & sud: y a 23. l.

Gisent la Oga & Beochep, nordest & suroest quart de nord & sud: y a 28. l.

Gisent le cap d'Antifer & le cap de Saucater, nordest &

& suroest quart de nord & sud: y a 30. lieues.

Gisent le cap de Bairafler & Beochep, nordest & suroest: y a 30. l.

Gisent Longaners & l'Isle de bas, noroest & suest prends de nord & sud, y a 35. l.

Gisent Alisart & les Dragons, noroest & suest: y a 28. l.

Gisent le cap de Rame & la Roquetobas, noroest & suest quart de nord & sud: y a 35. l.

Gisent Gaudester & Garnesnye, noroest & suest: y a 16. l.

Gisent les Casquets & Torres, noroest & suest: y a 18. l.

Gisent Porlaus & Bairafler, noroest & suest: y a 24. lieues.

Gisent l'Isle d'Vye & le cap de Caür, noroest & suest: y a 27. l.

Gisent la Cité & S. Balerin, noroest & suest, prends de l'est oest: y a 16. l.

S'ensuiuent les entrées de la coste d'Angleterre.

Sçaches que si tu voulois entrer dans Surlinge par l'entrée mayor, la carreyo gist noroest & suest quart de l'est oest dans l'Isle maior, verras le Chasteau au long & descouuriras l'entrée, laisse le Chasteau deuers Stibour, & iras par dedans donnant Amor deuers Stibour & garde toy d'vne bache qui gist au milieu, & s'il y a grand mer la verras rompre, & iras par dedans donnant Amor à la terre Destibour, & à la pointe du Baluart, puis pose deuant la sabliere, à 7. ou 8. brasses.

Sçaches que si tu veux poser en Montesbay, poseras à trauers du Chasteau, à 10. ou 12. brasses.

Sçaches que si tu veux poser en Fallanme, l'entrée de Fallanme & Alisart gist nord & sud: y a 4. l. tu entreras par quelle part que tu voudras, mais deuers l'est il est plus large, & poseras la ou te plaira.

Sçaches que entre Alisart & Fallanme, y à vn port de marée, qui se nomme Albert, quand seras à l'entrée iras pres de la pointe Destibour, auec la sonde à la main iusques à ce que tu sois tant auant comme vn colombier qui paroist deuers Ababour, pose la, il y à de basse mer 4 brasses & gist vne bache deuers l'entrée Destibour.

Sçaches que si tu voulois entrer en Plenma à l'Isle de de Treslan, garde toy de la pointe de l'Eglise, aproche toy deuers le nord, & pose la ou te plaira.

Sçaches que si tu veux entrer en Fabic, à l'entrée y a 2. Tours deuers le nordest, l'vne se nomme S. Saluador, & deuers le suroest y a vne autre qui se nomme S. Catherine, tu iras par le milieu du haure tout droit à vne petite Tour qui est à l'oest noroest ioinct auec la Tour petite iras tout droit par le milieu, & quãd auras passé la Tour, tu t'approcheras en Salamande de nordest à basse mer de l'est quart de nordest, pose la ou te plaira,

Sçaches que si tu voulois entrer dedans Plenma, aproche toy pres de la Tour de l'artillerie, iras dedans par la chenal & poseras la ou te plaira à 6. ou 7. brasses.

Sçaches que si tu veux poser en Gaudester, pose à la pointe de Rune à 10. brasses auras celle de l'oest suroest

Sçaches que si tu veux poser dans Artanme, porteras tout descouuert vne fenestre qui est à l'Eglise deuers le nordest, & gist deuers l'est non pas au premier cap, mais à l'autre vne bache fort mauuaise, deuers l'oest vne autre, & vne autre dedans, pose la ou te plaira.

Sçaches que si tu voulois poser en Torres, pose à 6. brasses, auras celle de suroest, & si poses à 5. brasses, auras celle de suest.

Sçaches que si tu veux poser en Porlans, pose à 6. brasses, la pointe te viendra au sud pleine mer de l'est suest, tu te garderas du farrillon du cap.

Sçaches que ſi tu veux poſer ou entrer par les Agulles diſſaduye tu t'aprocheras de la longueur d'vn cable deuers Ababour, car il y a vn banc qui eſt tout ſec, & la marée iette aux Agulles, & la iuſante iette au banc, & quand ſeras dedans, garde toy parce qu'il y a vne bache ioinct au ſecond cap des Agulles, & porteras pour marque la pointe de Larmie ouuerte auec le cap de l'Iſle: & quand deſcouuriras ville cremado, ne t'approches trop a terre parce que là giſt vne bache, & quand auras paſſé à ville cremado, iras au long de la terre iuſques a tant que tu paſſes Auiſport, & ſi tu veux aller à Sanduardo, verras deuers le nord, vn clocher qui ſe nomme Quicquauille, & la trouueras auec la terre qui eſt à la riuiere qui ſemble vne gallere, va en ceſte marque iuſques au clocher de S. Michel, & de la en la deſcouuriras le clocher Dantona auec vne Tour haute, il y a vn boſcage pres Dantona, quand ſeras la porteras l'vn auec l'autre iuſques à ce que tu ſois à Sanduardo, la poſeras ou te plaira.

Sçaches que ſi tu voulois entrer dans S. Elaine, garde toy de la poincte car elle eſt ſeiche, & iras poſer au deuant à 7. braſſes & non moins, ſçaches auſſi que à l'entrée de S. Ellaine pour aller à Antona giſent le carreyo nord noroeſt & ſud ſueſt, & quand tu ſeras en ceſte route, verras par deſſus la ville de Porſumo iuſques a ce que tu t'approches à la Tour de Porſume, iras la ou te plaira & ſi tu voulois aller en Antona porteras les marques ſuſdites.

Sçaches que ſi tu as à partir de S. Ellaine pour aller à Flandres, iras au ſueſt iuſques à 18. braſſes, deſpuis iras ton chemin.

Sçaches que ſi tu veux poſer en Beochep par l'autre bande à la Beneditte, poſeras derriere la pointe à 8. ou 9. braſſes auras celle de l'oeſt ſuroeſt, & ſi tu voulois poser dans Beochep auec vent nordest, poseras à trauers du village la ou te plaira.

Sçaches que si tu veux entrer par l'achenal de Quinqualesens, porteras pour marque le clocher de Rye au nord nordest: iusques à ce que tu boutes les moulins de la ville à l'oest, & depuis iras dedans & poseras dedans à la Croix comme il te plaira.

Sçaches que si tu veux entrer dans la Chambre, porteras descouuert à Beochep auec Ferlage la longueur d'vne gallere iusques à ce que tu sois à trauers de la terre, depuis iras dedans iusques la ou te plaira & pose à trauers de la Croix.

Sçaches que si tu veux poser en Romaneos, pose à trauers des cabanes à 6. ou 7. brasses.

Sçaches que si tu veux aller aux d'Vnes, deras arim à S. Marguerite, tu prendras la sonde à la main, & iras dedans à trauers des cabanes, & poseras la ou il te plaira.

Sçaches que si tu veux poser aux d'Vnes à Tened, porteras pour marque le clocher de S. Marguerite auec vne montagne qui est bas & paroist iusques à vn traict d'arbaleste, la bouteras au nord nordest, & portant ledit clocher auec la montagne, iras pres de la Gudine, n'ayes peur, & si tu vas par ces marques, iusques à ce que tu boutes vne Tour qui est à demy lieuë de Tened pres de la riuiere auec la terre blanche, vas droit au cap & ne t'approches fort au cap d'autant qu'il sort dehors, depuis pose la ou te plaira.

S'ensuiuent les cognoissances de la coste d'Angleterre.

TV sçauras que le cap de Longaneos est haut, & de la mer en dehors deuers la riuiere est pointu, & de pres se fait comme vne gallere, & deuers Musaolle y a grandes montagnes, & au plus haut du cap est vne Eglise iointe auec le cap de sainct Yiues, & y a vn paus que fait celle de l'est nordest, & deuers Musaolle, y a vne sabliere, & y a vn paus de 20. brasses.

Sçaches que le cap de Longaneos & pierre Lucye, gist nord nordest & sud suroest: y a 2. l.

Sçaches que si tu as enuie de venir d'Alisart à Musaolle, bailleras espace à la pointe de S. Nicolas longueur de demie lieuë parce que les requestes de la pointe sortent à la mer, & depuis approche toy à l'Eglise de Musaolle, entreras à 7. brasses, & si tu voulois aller plus auant, iras aux cabanes des pescheurs, y a demie lieuë de Musaolle, tu auras la pointe de suroest, & poseras à 5. brasses.

Sçaches que au nordest de Musaolle verras vn Chasteau qui se nomme sainct Michel de Montestay qui est à trauers d'vne sabliere, & y a lieu pour surgir.

Sçaches qu'entre Lisart & Fallanme, y a vne montagne orcade & est de bon cognoistre qu'à 3. bois, & le plus petit est deuers l'oest, & le plus haut est grand & est deuers l'est.

Sçaches qu'Alisart te semblera de la mer en dehors basse à la riuiere au nord, toute la terre de Certan blanche de la mer à l'Orcille, y a des estancqs, & y a vne sabliere au milieu des caps.

Sçaches qu'entre Gaudester & Artamme, y a vne sabliere qui dure iusques à Artamme, tu verras pres d'elle vne abbaye auec vn clocher qui est pres d'Artamme, & verras des rocques, & les laisseras deuers Ababour.

Saches que si viens de la mer en dehors, & que tu ayes cognoissance de Gaudester, si tu veux aller à Artamme iras dessus la plus haute terre que verras deuant la ou est Artamme.

S'ensuiuent les routes de Sain à Surlinge, & de Surlinge à Longaneos iusques à Bristol.

SCaches que Sain & Surlinge gisent nord noroest & suest, y a 42. l.

Gisent Ochent & Surlinge noroest & suest quart de nord & sud: y a 34. l.

Gisent Surlinge & Louday, nordest & suroest prenant de nord & sud: y a 30. l.

Gisent Surlinge & Pierre Lucie, est oest: y a 7. l.

Gisent Surlinge & Longaneos, est nordest & oest suroest: y a 7. l.

Gisent Pierre Lucye & Longaneos, nord nordest & sud suroest: y a 2. l.

Gisent le cap de Longaneos & Louday, nordest & suroest quart de nord & sud, y a 25. l.

Gisent le cap de Surlinge & les 7. pierres, nord nordest & sud suroest: y a 2. l. & demie.

Gisent les 7. pierres auec le cap de nort de l'hermitage de Surlinge, nordest & suroest, prenant de l'est oest, y a deux lieues à l'hermitage, & tient vne sabliere deuers le nordest.

Gisent le cap de Longaneos & les 7. pierres, est oest, y a 5. l. & aucunes d'elles ne se descouurent de basse mer, & gisent nord noroest & sud suest.

Gisent Chapisto & Louday, nordest & suroest: y a 10. l.

Item tu dois sçauoir que si tu pars du port de Surlinge sur la nuict ou sarrazon, ne feras moins de la voye de nord nordest, & pour te garder des 7. pierres, si tu leues marée prends de l'est allant la voye de nord nordest, seras dessus les 7. pierres.

Gisent Louday & la Combe, est oest quart de nordest & suroest: y a 8. l.

* Gisent la Combe & Mineut, est oest, y a 5. l.

Gisent l'alture de Mineut, & les Ormes, nordest & suroest quart de l'est oest, y a 7. l. allant de Mineut la voye de nordest & suroest quart de l'est oest, tu te garderas d'vn banc qui gist à la mesme route, & qui paroist de basse mer d'eaux viues, y a sur le banc deux brasses & bon chemin.

Item tu dois sçauoir que si tu voulois laisser ledit banc deuers Ababour, leue l'Orme petite deuers le nordest quart de nord, & pour laisser ledit banc deuers Stibour, leue l'Orme petite à l'est nordest, il y a de l'Orme petite au banc deux lieues, & ainsi te pourras garder du banc, descouure vers la pointe du suest de l'Orme petite, & si tu l'as serré auec la pointe de l'Orme, feras dessus ledit banc.

Gisent les Ormes & le boscage, nordest & suroest quart de l'est oest, y a 7. l.

Gisent Quincquarade & l'Isle de l'entrée de Chapisto, nord nordest & sud suroest, y a 2. l.

Gisent Louday & les Ormes, est nordest & oest suroest, y a 18. l.

Gisent Louday & Mirafurde, nord noroest & suroest, y a 14. l.

Gisent Louday & Caldey, nord & sud, y a neuf lieues.

Gisent Longaneos & le Haure de Mirafurde, nord nordest & sud suroest, y a 18. l.

S'ensuiuent les sondes de la manche de Bristol.

SCaches que si tu és dessus la bache de Surlinge, à 60. ou 64. brasses, si tu ne tiens le sengal comme si tu ne voulois donner au fons allant la voye de l'est nordest, iras à Louday.

Sçaches qu'entre Surlinge & Mirafurde, trouu a

ras à la route 40. brasses, & sable menu.

Sçaches que du cap de Longaneos iusques à Louday, trouueras 40. brasses sable rallo, & dessus le cap Dartay à 35. brasses sengal des pierres comme peyrim.

Sçaches que aupres de l'Isle de Louday, trouueras 20 brasses.

Sçaches qu'entre Mineut & Louday, à l'achenal: y a 35. brasses.

Sçaches qu'entre Mineut, & les Ormes, à l'achenal y a 20. à 25. brasses.

Sçaches que des Ormes iusques à Quincquarade, y a à l'achenal deuers la mer, 12. ou 13. brasses.

S'ensuiuent les marées de la manche de Bristol.

SÇaches qu'en Sourlinge, la Lune au nordest quart de l'est, pleine mer.

Item en Longaneos, la Lune à l'est nordest, pleine mer.

Item en Chapisto, la Lune à l'est quart de nordest, pleine mer.

Item au cap Dartay & Louday, la Lune à l'est quart de nordest, pleine mer.

Item en Berrestanles, la Lune à l'est perds de nordest, pleine mer.

Item de Longaneos iusques à Louday, la Lune à l'est quart de nordest, pleine mer.

Item en la combe, la Lune à l'est prends de suest, pleine mer.

Item de Louday iusques à Mineut, la Lune à l'est, prends de suest, pleine mer.

Item aux Ormes, la Lune à l'est quart de suest, pleine mer.

Item en Brisuate, la Lune à l'est suest, pleine mer.

Item des Ormes iusques au boscage, la Lune à l'est

quart de suest, pleine mer.

Item en Quincquarade, la Luue à l'est suest, pleine mer.

Item en Cardif, la Lune à l'est prends de nordest, pleine mer.

Sensuirent les cours au long de la manche de Bristol.

TV sçauras que de Louday iusques à Longaneos, viēt la iusante de nordest quart de nord.

Item entre Artay & Louday, vient la iusante de nord nordest, garde toy tousiours de ceste part sera l'angaidge & garde: car ne iuge la courente.

Item de Mineut iusques à Louday, vient la iusante de l'est quart de nordest.

Item des Ormes iusques à Mineut, vient la iusante de l'est prenant de suest.

Item du paus du boscage iusques aux Ormes, vient la iusante de l'est nordest.

Item entre Louday & Caldey, vient la marée de l'oest suroest.

S'ensuiuent les marées de la coste de Gaule.

TV sçauras qu'en Caldey & Mirafurde, la Lune à l'est prenant de nordest, pleine mer.

Item au cap de Galles, la Lune au suest quart de l'est pleine mer.

Item en Gorsume & en Remensin, la Lune au suest pleine mer.

Item dedans le port de Baldresi, la Lune à l'est suest, pleine mer.

Item en Spol & en Chistre & Beaulmares, la Lune au sud suest, pleine mer.

S'ensuiuent les marées de la coste de Galles en Angleterre.

TV sçauras que du cap de S. Dauid iusques à Holier, les marées sont noroest & suest, y a 30. l. gisent nord & sud.

Item de Holier à Beaulmares, y a 14. l. les marées sont noroest & suest pleine mer, la coste gist noroest & suest.

Item Beaulmares & la barre de Chistres, les marées sont nord nordest & sud suest, y a 8. l. à la route gisent est oest.

Gisent Beaulmares & l'Isle de Man, nord nordest & sud suest, y a 14. l. les marées sont noroest & suest.

Gisent Holier & Brechil qui est à la coste d'Irlande estant est oest prends vn quart de nordest & suroest, les marées sont à Brechil est oest.

Item au Haure de Millefort à la coste de Galles, les marées sont est oest à la mer sont noroest & suest.

Item à Surlinges, les marées sont est nordest & oest suroest, pleine mer.

Item au cap de Cornaille, sont les marées, est nordest & oest suroest, pleine mer.

Item à Louday, sont les marées, est nordest & oest noroest, pleine mer.

Item à Bristol, sont les marées, est oest, pleine mer.

Item en Agatafurde, sont les marées, est oest, pleine mer.

Item tu dois sçauoir que si tu viens à la coste de Galles de nuict ou sarrazon, ne t'approches à moins de 15. brasses de la terre, & si tu vas à Irlande ne t'approches à moins de 50. brasses à la terre.

S'ensuiuent les marées depuis le destroit de Gibaltar iusques à la manche d'Escosse.

TV sçauras que depuis le destroit de Gibaltar iusques au ras d'Outanât, les marées sont nordest & suroest, sauf Malmisson, & S. Gilles à l'est nordest au ras prends vn quart de l'est oest.

Item depuis le ras du long de la coste de Bretagne, Normandie & Picardie, iusques à l'Isle d'Irlande, les marées sont est oest.

S'ensuiuent les marées de la basse Bretagne de port en port.

TV sçauras que deuant le Concquet, les marées y sont nordest & suroest, Porsail, Abreduye, cours à l'Isle de Bas, les marées sont est nordest & oest suroest.

Item tu dois sçauoir que S. Paul de Leon, Morles, le Mon, port blanc & Laudriger, S. Breau deuant S. Malo, Quincquauille à tous ceux-cy les marées sont est oest & aux 7. Isles aussi.

Item tu dois sçauoir que au Casquet, les marées sont oest noroest & est suest, Larade, Blanchar, le cap sainct Germain, noroest & suest quart de oest.

Item au ras Blancart content, & Chiribourc, Bairafler & Honneflent, l'entree de la riuiere deuant Habrenef, à tous ceux-cy ladite marée court au noroest & suest, fors qu'en Diepe & Abreneffi.

Item tu dois sçauoir qu'en ville Corte, Bologne, Calais, du Carquet, à tous ceux-cy les marées y sont nord noroest & sud suest.

Item tu dois sçauoir que dessus le bâc qui est à la route, la marée est nord & sud, Nieuport, Ostende, les Bacques, Descus, Flandres, Centour, l'Isle d'Irlande, les marées y sont noroest & suest.

S'ensuiuent les entrées de la manche de Bristol.

SSçaches que ſi tu veux poſer dans Longaneos, poſe à la ſabliere de l'eſt à 25. braſſes, auras la plus nette & bonne pour poſer.

Sçaches que ſi tu veux poſer en Santis, poſe a trauers de l'Iſle en plus ou moins profont,& pour entrer au cap du cay à moitié marée.

Sçaches que ſi tu veux poſer ou entrer en Chapiſto, aproche toy deuers l'oeſt, & l'aiſſe l'Iſle Deſtribour, & quand ſeras dedans poſe, pource qu'il y a deſſus petite eau, auras de baſſe mer 2. braſſes & demie, auras pour cognoiſſance vne ſabliere qui eſt à trauers de l'Iſle deuers l'eſt.

Sçaches que ſi tu veux poſer au cap Demurs auec nordeſt, poſe à 8. ou 9. braſſes.

Sçaches que ſi tu veux poſer en Louday auec vent de val, poſeras au milieu de l'Iſle à 8. ou 10. braſſes,& ſi tu poſe auec nordeſt dans Louday, poſe à la celle de l'Iſle, le profont eſt grand, il y a vn banc à demy lieue du cap de nord de Louday, & n'y a de baſſe mer qu'vne braſſe.

Sçaches que ſi tu veux entrer en Berreſtaules eſt port de marée, prends la mer.

Sçaches que ſi tu veux entrer au cay de la combe il te faut 2. tiers de marée, & ſi tu voulois poſer au haure, poſeras a trauers de l'hermite à 10. ou 12. braſſes.

Sçaches que ſi tu veux poſer à Mineut, poſe a trauers de la ville, à 10. braſſes, & ſi tu vas à Briſuate prens la mer.

Sçaches que ſi tu veux poſer dans l'Orme, poſe deuers le nordeſt de l'Orme petite, pleine mer, à 12. ou 13. braſſes.

Sçaches que ſi tu veux aller voltigant à l'alutre de Mineut, iras deuers ſueſt comme de noroeſt, par le milieu du carreio & te gouuerneras par la ſonde & par les marques ſuſdites.

Sçaches que ſi tu veux aller de l'Orme par Abriſtol auec grand nauire, prends bonne marée & leue l'alture de Mineut, par le milieu de l'Orme petite, giſt le carreyo nordeſt & ſuroeſt quart de l'eſt oeſt, & ſi tu vas voltigant, ne t'approches deuers Galles à moins de 9. ou 10. braſſes deuers Galles ez apicque, ya des bancs qui iettent deuers Angleterre, tu te pourras aprocher à 5. ou 6. braſſes, & tu ſeras au plus eſtroit, quand auras vn molin haut en vn mont, en ce paus trouueras demy marée, 5. ou 6. braſſes tu te gouuerneras comme dit eſt, deſpuis iras au long de la terre Deſtibour à Quincquarade, & poſe de pleine mer à 10. ou 12. braſſes, auras de baſſe mer 5. ou 6. braſſes.

Sçaches que ſi tu viens de Louday pour aller aux Ormes à la route de l'eſt nordeſt, ne t'approches deuers Galles par le bãc de Carabaude, ce bãc dure beaucoup eſt oeſt, & ne t'approches a moins de 12. braſſes, n'y a trauerſer deuers Galles iuſques a tirer a Mineut au ſud ou ſud ſuroeſt, deſpuis pourras aler au long de la terre, & garde toy du banc.

Sçaches que a trauers de Briſuate, y a vn banc ou n'y a de baſſe mer ſinon 2. braſſes & demie allant de Mineut pour aller aux Ormes, te garderas dudit banc.

Sçaches que ſi tu veux aller au long de la terre de Galles par Acardiffe, iras par le milieu de la sõde, donneras Amor a la forme par vne bache qui eſt deuers Cardif & poſe, auras de baſſe mer 3. braſſes & demie, te faillira la pointe au ſu ſuroeſt, & la marée vient de ſu au ſuroeſt, & ne te poſe à l'Orme pour vn banc qui giſt deuers ſueſt, de baſſe mer paroiſt.

Sçaches que ſi tu veux paſſer par entre le banc & l'orme petite tu trouueras l'Orme petite ouuerte de la longueur d'vne Gallere deuers ſueſt: eſt bon chemin, y a de baſſe mer trois braſſes & demie,

S'ensuiuent les entrées des ports de Galles & entrées de Mirafurde.

SCaches que si tu veux poser en Caldey, serre toy à l'Isle de Caldey & boute l'Isle au suest, & quand tu descouuriras le clocher petit qui est dans l'Isle, pose à trauers du village, & auras de basse mer quatre brasses & demie, & de pleine mer à 11. brasses.

Sçaches que si tu veux entrer dans Mirafurde, gist l'entrée est oest ; iras par le milieu de la pointe d'Ababour, y a vne Eglise en passant vn Hermitage qui est deuers Stibour; pose à 5. brasses, & si tu veux cognoistre le port de Mirafurde y a vn village qui se nomme le Dulle, verras au cap d'Ababour deuers la mer des Isles à vne lieue dehors des Farillons deuers l'est, y a vne sabliere pres du port, & à terre deuers l'est toute planiere & basse se fait comme 3. caps.

Sçaches que Caldey est plus long & plein de pleine mer, il y a vne Eglise ronde qui semble le Chasteau ; & deuers l'est de Calday verras vne rocque deuers l'est nordest de la ville, la est le port là ou les nauires donnent en sec de basse mer: entre Caldey & Tenebij, y a de mauuaises baches qui se couurẽt de demy marée, & si tu viens de Caldey par Amirafurde, y a vne bache deuant, & garde toy que tu n'approches à l'entrée qui sort à la mer, & pour te garder de la bache tiens descouuert Caldey dehors de la terre, & la bache à trauers de la pointe de l'est, & depuis que tu doubleras n'ayes peur & iras poser.

S'ensuiuent les sondes en venant de Cisarge pour aller au Bocquament de l'achenal d'Angleterre.

TV sçauras qu'vn nauire qui part de Cisarge & va à Ochent à la route de nord nordest & sud suroest,

& sondes 100. 90. ou 80. brasses, & si tu trouues à la sonde escailles de S. Iacques, ou vase seras deuers Molines ou en la Guolle de l'Irlesse, & si est marée, iras au nord pour te garder d'Ochent.

Sçaches qu'allant chercher Ochent à la voye de nord nordest, sondes 80. ou 90. brasses, auras à Sain 13. ou 14. lieues, & si tu y trouues vase & qu'il ny aye sengal menu, seras à l'Isle & assoumiras les brasses, & si sondes 80. brasses trouueras arestes comme escailles de sainct Iacques, iras droit au nort pour te garder d'Ochent iusques à le tirer au nordest.

Sçaches que tenant Ochent au nordest à 85. brasses, auras à Ochent 22. l. & sengal de sable menu, de 80. brasses 20. l. de 75. brasses 15. lieues; de 70. brasses 10. lieues. à la terre.

Sçaches que allant la voye de nord nordest & sondes 75. ou 80. brasses, si tu trouues sable menu vermeil seras au pres d'Ochent & si le iour & le temps t'obligeoit à aller au nordest cercher Ochent, y aura 10. ou 12. l.

Sçaches que si tu sondes 70. brasses & sengal d'arestes cõme sable pietre seras dedãs Ochent te saillira au suest, & suiuãt dedãs la chenal entre Ochent & Longaneos ou Lisart & sondes 70. brasses sable gros vermeil, seras deuers cornalle, auras à la terre de nord nordest 15. ou 16 l.

Sçaches que deuers Cornaille est segide, & quãd poseras dedans les caps & sondes 50. ou 53. brasses, & sengal de pierres noires arestes comme cora, seras à l'entour d'Alisart & par nuict ou sarrazon, ne t'abaisses de 50. ou 45. brasses à l'entour de luy.

Sçaches que entre Sain & Surlinge à la routte de nord noroest & sud suest, trouueras 70. brasses entre Ochent & sur l'est, à la route de noroest & suest quart de nord & su trouueras 65. brasses, & de Ochẽt allãt la voye de noroest, trouueras 66. brasses allãt deuers la mer d'Ochent des 75. brasses allant la voye de suroest doubleras Sain.

Sçaches que tenant Sain au nord des 100. brasses auras à Sain 15. lieues; de 90. brasses 13. lieues; de 70. brasses 8. lieues; de 60. brasses 4. lieues, & tenant Outanant au nord des 64. brasses auras à Outanant 4. lieues, prends garde car la marée court fort entre Sain & Ochent, à la route y a 50. brasses, ne t'abbaisses de celles la, si la marée est iras au nord noroest, & te iettera dessus les moulins car l'eau court fort.

Sçaches que si tu vas chercher Turiane ou Alisart des 80, brasses auras Alisart à 40. ou 45. l. & trouueras sable gros meslé à trauers d'Alisart, 8. lieues à la mer trouueras 57. brasses, sengal vermeil, sable gros entre le Hour & Longaneos à l'achenal, y a 60. brasses.

Sçaches que au parage de Barbarac ou à l'Isle de Bas, tenant à Ochent au suroest prenant de sud, trouueras en certains lieux 70. ou 75. brasses, & si sondes 60. brasses auec sengal de pierres comme feues feras deuers l'Isle de bas entre le Hour & Gualbay de 43. brasses, auras à terre vne lieue, & de 63. brasses deux lieues deuers suest de 7. Isles, & de 53. brasses huict lieues à terre.

Sçaches que si tu es au parage de Rocquetobas, & sondes 40. brasses, si trouues sable gros vermeil, iras de tout au nord pour doubler le cap de Grane à trauers de Remy, trouueras fort profond.

Sçaches que de Surlinge iusques à Alisart de nuict ou sarrazon, ne t'abbaisses de 50. brasses, & d'Alisart iusques à Gaudester, ne t'abbaisses de 40. ou 45. brasses par nuict ou sarrazon de Gaudester à Porlaus, ne t'abbaisses de 30. ou 35. brasses, & de Porlaus à l'Isle d'Vye iusques à Beochep iusques à Romaneos, ne t'abbaisses par nuict ou sarrazon à moins de 20. brasses, le mesme iusques à Dobre.

Sçaches qu'entre l'Isle de Bas & Fabic en l'achenal, tu trouueras 55. ou 57. brasses, & deuers l'est suest à 5. lieues de Fabic, trouueras vne rocque, & y a dessus elle

12

12. brasses, & au pied d'elle y a 50. brasses.

Sçaches qu'entre Artamme & les 7. Isles, y a à l'achenal 47. brasses à trois lieues de Gaudester, trouueras 35. ou 37. brasses, & sable rouge meslé auec arestes, ainsi trouueras au parage de lim, sable gros au plõ iusques au sac de Porlaus à trauers de lim, & trouueras 38. brasses à la sonde pierres grosses.

Sçaches qu'à trauers de Porlaus en veuë de lim, trouueras 35. brasses, & sengal de pierres menuës blanches, & à 30. brasses à la sonde, grosse lixosse: aduise, car toutes ces sondes sont en veüe de Porlaus, & & y a en lieux pierres.

Sçaches qu'entre Garnesnye & Porlaus, y a à la chenal 40. ou 45. brasses allant entre les Casquets & Porlaus, iras la voye de l'est quart de nordest pour doubler Beochep.

Sçaches qu'entre l'Isle d'Vye & l'Oge, y a à l'achenal 35. ou 40. brasses, & deuers l'Oge il est tout plain de rocques, & deuers Angleterre nette, & ainsi sçauras de qu'elle part seras.

Sçaches qu'à 4. lieues à la mer du cap de Toro, trouueras 25. ou 27. brasses, & au sud du cap de S. Eleine 4. ou 5. lieues à la mer, trouueras 26. ou 27. brasses allant plus auant, trouueras 35. ou 40. brasses, & n'ayes peur de la voye de l'est quart de nordest, prendras cognoissance de Beochep.

Sçaches que si tu és à 20. brasses, & si tu te iettes sur la Cité, trouueras à la sonde frapeures de rocques, & au plomb comme taillade de fil deslié: allors seras au parage de la Cité vieille, ceste sonde te suiura iusques à 7. calles à la route de 20. brasses pour auoir cognoissance de Beochep ou de Herlage, deuant que tu entres à l'Estrecho.

Sçaches qu'entre Beochep & Antifer à l'achenal, y a 30. ou 35. brasses entre Diepe & la Chambre, trouueras les mesmes brasses, mais deuers l'oest de Herlage 2. lieues à la mer, & y a lieues de 10. ou 12. brasses.

Sçaches qu'entre Dobre & Bologne, y a vn banc qui n'a de basse mer sinon 3. brasses ou 3. & demie, en ce bãc est anguosto gist nordest & suroest & gist auec Dobre nord noroest & suroest, se nomme le bãc de Flocestan, & entre le banc & Angleterre trouueras 25. ou 26. brasses, & de Picardie trouueras 24. ou 25. brasses, la sonde fausse iusques audit banc, plus deuers Picardie que Angleterre.

Sçaches qu'entre Dobre & Saucater, y a 22. brasses en lieues y a 27. brasses entre Dober & Calles, y a 27. ou 28. brasses,

S'ensuiuent les sondes en venant de Turiane pour aller à Surlirge.

Sçaches que si tu parts de Surlinge ou de Mongie, & si tu ez à cercher Surlinge & sondasse 100. brasses & sengal de salpetre comme sengal de vase, & si tu ne troues sengal comme si tu ne donnois à terre & si glaco grand chemin, & si ne t'abbaisse sinon vn petit, seras dessus le banc de Surlinge de 100. brasses auras à Surlinge 5. l.

Sçaches que si tu és deuers Surlinge & sondes 80. brasses, & si tu trouues sable menu comme salpetre messlé, iras la voye de nord nordest 4. ou 5. lieues & assoumiras 4. ou 5. brasses, seras à la route, & si tu n'assommes sinon vn petit seras deuers Surlinge.

Sçaches que si tu sondes 60. ou 65. brasses, & si tu trouues sable menu aucunes rouges arestes petites seras au parage de Longaneos, & verras si fait clair le mont & iras en ce parage, & ne t'abbaisse de cinquante brasses par nuict ou farrazon.

Sçaches que tenant Surlinge au nord quart de norńest des 80. brasses, auras à Surlinge 18. lieues, la sonde pleine d'escailles comme de S. Iacques, & aucunes pieces de pierre en toute la part de Surlinge, par merueilles trouueras arestes, & ainsi seras aduisé.

Sçaches que tenant Surlinge au nord des 75. brasses auras à Surlinge 10. ou 12. lieues, & si tu trouues escailles menuës & sable menu meslé comme millet rouge.

Sçaches que tenant Surlinge au nordest quart de nord à 25. brasses & Ochent à l'est suest trouueras 68. brasses à la sonde comme escailles de sainct Iacques allant à l'est nordest, trouueras 65. brasses sable gros.

Sçaches que tenant Surlinge au nordest 4. ou 5. l. trouueras 60. brasses.

Sçaches que tenant Surlinge à l'est suest des 80. brasses, auras à terre 30. l. & la sonde sale.

Sçaches que estant 65. brasses auras à Surlinge 12 lieues & sengal de sable gros tenant la bache à l'est nordest.

Sçaches que tenant Surlinge à l'oest noroest y a 14. l. tu trouueras 60. brasses sengal de sable gros comme arestes.

Sçaches que tenant Surlinge au noroest trouueras 60 brasses, allant droit à Surlinge, tu n'assoumiras iusques que tu seras pres de luy, & trouueras à la sonde sable gros comme pierres rouges, & pres de Surlinge y a 50 brasses.

Sçaches que tenant Surlinge au nordest des 60. ou 70 brasses trouueras sable gros & menu allant au nord noroest, trouueras la bache & à la sonde sable gros & noir & sonde à chaque empollete pour trouuer la bache allant au nord noroest, & ne dure ceste bache que 2. l. & trouueras dessus la bache 63. brasses & gist auec Surlinge, la bache est oest, y a 7. l. à Surlinge.

Sçaches que si tu as passé la bache de Surlinge allant

au nord noroest, trouueras vn banc de sable entre ce banc & la bache de Surlinge & d'Irlande, y a dessus le banc 60. brasses.

S'ensuiuent les sondes d'Irlande, & des Isles de Saltes auisant en chemin de nord & sud.

Sçaches que si tu és nord & sud des Isles de Saltes iusques a Cabobiezo des 100. brasses auras aux Isles de Saltes 60. lieues; de 80. brasses 45. lieues; de 70. brasses 35. lieues; de 60. brasses 24. lieues; de 50. brasses 12. lieues; de 30. brasses 4. lieues, abbaisseras vn petit par lieue vne brasse & demie, seras deuers l'oest de Cabobiezo.

Sçaches que si tu és nord & sud de Cabobiezo des 100. brasses auras à terre 50. lieues; de 80. brasses 4. l. de 70. brasses 30. lieues; de 60. brasses 20. lieues; de 50. brasses 10. lieues; de 40. brasses 5. l. de 35. brasses, auras à terre 4. ou 5. l.

Sçaches que si tu és nord & sud du cap de Clare ou de 7. Chasteaus de 100. brasses, auras à terre 30. lieues de 80. brasses 20. lieues; de 70. brasses 15. lieues; de 60. brasses 9. lieues; de 50. brasses 4. ou 5. l.

Sçaches que si tu és au cap de oest du cap de Clare iusques à 100. brasses, auras à terre 20. l. de 80. brasses 10. l. de 60. brasses auras à terre 4. ou 5. l. allant dessus visant à 100. brasses 10. l. trouueras sable pietre, auras à terre 22. l.

Sçaches que aucun nauire ne se doit baisser des Isles de Saltes à Cabobiezo par nuict ou sarrazon à moins de 25. ou 30. brasses, le mesme de Cabobiezo iusques au cap de Clare, ne t'abbaisses à moins de 40. ou 45. brasses par nuict ou sarrazon, & du cap de Clare iusques aux Blascays, ne t'abbaisses à moins de 60. brasses sans auoir cognoissance de la terre.

Sçaches que si tu és à chercher la coste d'Irlande au parage de Yocle ou de Gatafurde allant chercher la terre, abbaisseras par lieuë vne brasse, & si tu és au parage de Cabobiezo de Guicalle, tu abbaisseras par lieue 1.b.& dem.& si tu és au parage des 7. Chasteaux 2. brasses & demie, allant chercher Vizen, abbaisseras de trois brasses & demie: cecy s'entend estant à l'entrée du banc allant la voye de nord: ainsi sçauras en quelle part seras.

Sçaches que à la route de Yocle ou de Gatafurde des 65. brasses iusques aux 45. trouueras basse.

Sçaches que si tu és à Luyando entre Surlinge & le cap de Clare, & si sondes 60. brasses tenant Surlinge à l'est suest, auras à Surlinge 10. ou 12.l. & si de ce parage tu vas au nord noroest ou au nordest quart de nord, troueras 55. brasses & sengal de sable gros noir, & n'ayes peur que tu ayes grand chemin à terre, & si de ceste sonde tu és tu nord nordest 7. ou 8. l. & sondes. 65. brasses & grande basse tiendras à Cabobiezo au noroest prends de l'est, & si de ceste sonde tu és à l'oest noroest 3. ou 4. lieues & trouues 50. brasses, sable net, seras entre Surlinge & Cabobiezo.

Sçaches que si tu és entre Tosquey & le cap de Galles auec nuict ou sarrazon ayant reparé, ne t'approches à la terre d'Irlande à moins de 30. ou 35. brasses deuers Galles à moins de 60. ou 70. brasses. Deuers Galles, troueras 80. ou 90. brasses, & si tu ne peus reparer & que le vent fut de nordest, va au nordest par les 30. ou 40. brasses, iras à l'Isle de Man, y a du cap de Galles à l'Isle de Man 16. l. & y a au derriere bon posoir, & y a vne bache deuers le sud.

S'ensuiuent les trauerses de Sain à Surlinge & d'Angleterre.

GIsent Sain & le cap de Clare, noroest & suest : y a 90. l.

Gisent Surlinge & le cap de Clare, est suest & oest noroest: y a 50. l.

Gisent Surlinge & Cabobiezo, noroest & suest : y a 43. l.

Gisent Surlinge & les 7. Chasteaux, noroe st & suest quart de l'est oest: y a 44. l.

Gisent Surlinge & Coerca, noroest & suest quart de nord & sud: y a 45. l.

Gisent Surlinge & Gatafurde, nord & sud quart de noroest & suest: y a 40. l.

Gisent Longaneos & Gatafurde, noroest & suest: y a 43. l.

Gisent Longaneos & Cabobiezo, noroest quart de l'est oest, y a 45. l.

Gisent Louday & les Isles de Saltes, est suest & oest noroest, y a 28. lieues en cette route garde toy des Marizalles qui sont au milieu du chemin dessus le cap de Mirlafurde.

Gisent Louday & Cabobiezo, est oest: y a 50. l.

Gisent Longaneos & Tolquey, nord & sud quart de nordest & suest.

S'ensuiuent les routes d'Irlande.

GIsent les Isles de Saltes & la Tour de Gatafurde, est oest quart de noroest & suest : y a 4. lieues, & sçaches que au sud suroest des Isles de Saltes à vne lieue à la mer, y a des baches qui sont couuertes.

Gisent les Isles de Saltes & Cabobiezo, nordest &

ſuroeſt quart de l'eſt oeſt: y a 24. l.

Giſent la Tour de Gatafurde & Cabobiezo, nordeſt & ſuroeſt, y a 20. l.

Giſent Cabobiezo & le cap de Clare, eſt nordeſt & oeſt ſuroeſt: y a 16. l.

Giſent la rocque Faſtanay & l'entrée de Corcam, noroeſt & ſuroeſt: y a 2. l.

Giſent ladite rocque auec le çap de Clare, nordeſt & ſuroeſt: y a 1. l.

Giſent le cap de Clare & le cap de Mar, eſt oeſt prenant de noroeſt & ſueſt: y a 4. l.

Giſent le cap de Mar & les Carmellos, eſt ſueſt & oeſt noroeſt, y a 9. l.

Giſent les Carmellos & l'Isle de S. Michel, nord & ſud quart de noroeſt & ſueſt, y a 4. l.

Giſent les Carmellos & le cap Mogo, nord & ſud quart de nordeſt & ſuroeſt: y a 4. l.

Giſent le cap de Mar & le cap de Vizen, eſt oeſt, y a 10. l.

Giſent le cap Mogo & les Isles de Braſquey, noroeſt & ſueſt: y a 3. l.

Giſent les Calmes auec la pointe plus auant à la mer de Gransbraſquey, nord noroeſt & ſuroeſt: y a ſix lieues.

Giſent le cap de Mogo & le grand Calme, eſt oeſt quart de nordeſt & ſuroeſt: y a 2. l.

Giſent les Calmes auec le Mar de la ſonde, nord & ſud: y a 5. l.

Giſent les Calmes & Bentri, nord & ſud quart de nordeſt & ſuroeſt: y a 6. l.

Giſent les Braſqueys & le Haure d'Eſmeric, nordeſt & ſuroeſt, y a 3. lieues, & giſt le Haure nord noroeſt & ſud ſueſt, il n'y a requeſte ſinon ce que tu verras de l'œil.

Giſẽt les Braſqueys & cap de Lomeric, nordeſt & ſuroeſt, y a 12. l.

Giſent le cap de Lomeric & les Iſles Darene qui ſont à 7. l. de Gualbay, nord & ſud: y a 12. l.

Giſent les Braſqueys & le cap de Quil, nord & ſud, y a 38. l.

Giſent le cap de Quil & les eſtaches de Brotan, nord nordeſt & ſud ſuroeſt: y a 9. l.

Giſent les eſtaches de Brotan & le cap de Telin, eſt nordeſt & oeſt ſuroeſt: y a 18. l.

Giſent les eſtaches de Brotan & Calabec, eſt oeſt, y a 18. l.

Giſent les eſtaches de Brotan & les Iſles Dara nordeſt & ſuroeſt quart de l'eſt oeſt, y a 28. l.

Giſent les Iſles de Telin & l'Isle Dara, nord nordeſt & ſud ſuroeſt: y a 10. l.

Giſent l'Isle Dara & l'Isle de la Tour, nordeſt & ſuroeſt: y a 7. l.

Giſent l'Isle de la Tour & la conegere, nordeſt & ſuroeſt, y a 4. l. & giſt vn banc à 2. lieues de la Conegere au nord quart de noroeſt, y a petite eau.

Giſent le Solij, & l'Isle de la Chambre, nord & ſud quart de nordeſt & ſuroeſt: y a 5. l.

Giſent l'Iſle de la Chambre eſqueris, eſt ſueſt & oeſt noroeſt: y a 12. l.

Giſent Eſqueris & Çautaray, eſt nordeſt & oeſt ſuroeſt, y a 7. l.

Giſent Cautaray & Genelle, nord noroeſt & ſud ſueſt, y a 7. l.

Giſent Genelle & les Complatiues, nord noroeſt & ſud ſueſt: y a 7. l.

Giſent les Complatiues & l'Isle de Man, noroeſt & ſueſt: y a 13. l.

Giſent l'Isle de Man & Murs de Galbe, nordeſt & ſuroeſt, y a 10. l. & ſi tu és à l'Isle de Man, approche toy deuers Ababour.

Giſent les Complatiues & Millas, nord noroeſt & ſud ſueſt, y a 8. l.

Giſent Millas & Laubay, nord & ſud quart de nordeſt & ſuroeſt, y a 21. lieue, de Millas à Eſtanfort, y a 5. lieues.

Giſent Eſtãfort & Caluifort, nordeſt & ſuroeſt quart de nord & ſud: y a 6. l.

Giſent Caluifort & Laubay, nord & ſud quart de nordeſt & ſueſt, y a 12. l. & giſt vne Isle à l'entrée de Caluifort deuers Ababour & giſt à l'entrée eſt ſueſt & oeſt noroeſt, laiſſe le Chaſteau Deſtibour & poſe de baſſe mer à 3. braſſes.

Giſent Laubay & l'Isle de Man, nordeſt & ſuroeſt: y a 21. l.

Giſent Grinalde & Toſquey, eſt oeſt prenant de nordeſt & ſuroeſt, y a 9. lieues, & ſi tu veux poſer en Grinalde boute le Chaſteau au ſud, & poſe à 6. braſſes.

Giſent Toſquey & les Isles de Saltes, eſt nordeſt & oeſt ſuroeſt: y a 4. l.

Giſent Toſquey & le cap d'Argilles, nord & ſud quart de nordeſt & ſueſt: y a 36. l.

Giſent Marizalles & Mirafurde, eſt oeſt: y a 6. l. au cap, & y a enuiron 3. ou 4. l.

Giſent les Isles de Gorſume & Mirafurde, eſt oeſt, y a 12. l.

S'enſuiuent les marées de la coſte d'Irlande.

TV ſçauras que des Isles de Saltes iuſques au cap de Clare, & Braſquey, au cap Telin, à Gualbay, à Elmeric, Eſmeric, Diugle, S. Michel, Brian, Corcam, Valentinor, Gunçalle, Ocle, Coerca, & Gatafurde, la Lune à l'eſt nordeſt, pleine mer.

Sçaches que de l'Isle Dara iuſques à l'Eſtrecho de Requeh, la meſme marée la Lune à l'eſt nordeſt, pleine mer, y courent beaucoup les augaidges.

Sçaches que de l'Estroit de Requeh iusques à Duelme, la Lune au suroest, pleine mer.

Sçaches que de Duelme iusques que tu touches Tosquey, la Lune à l'est suest pleine mer, aux Isles de Saltes, la Lune à l'est pleine mer, & en Cantaray, la Lune à l'est suest, pleine mer.

Sçaches qu'en Genelle & en Buscaforas, la Lune au nord noroest pleine mer, en Doali iusques à Laubay, la Lune au noroest, pleine mer, & aux bançs à l'est suest.

S'ensuiuent les cours des Isles de Saltes iusques au ras de Cautaray.

SCaches que de Cabobiezo iusques aux Isles de Saltes vient la marée du suroest quart de l'oest, à la route de l'oest suroest des Isles de Salses iusques à Vlquelmo viēt la marée de sud suest, & aux bancs mesmes.

Sçaches que de l'Isle de Laubay par toute la fosse de Driuge, vient la marée de sud suest, & la iusante de nord noroest.

Sçaches que dedans la fosse de Molmes iusques à la pointe Dargilles vient la marée de sud suroest à la pointe Dargilles iusques au ras de Cautaray vient la marée de nord noroest, & la iusante de sud suest.

S'ensuiuent les cognoissances & entrées des ports d'Irlande.

SCaches que si tu veux entrer en Gatafurde, ne t'approches deuers la Tour, & entreras par le milleu, & si tu entres à Luyando auec vent d'aual, approche toy deuers l'oest & est sec iusques à vn cap gros qui se nomme Mont noir, & pose à 7. brasses & n'entre plus dedans si de premier ny as esté, & prends la mer par dedans, & si as d'aller par marques prends vn clocher deuers le nordest, iras droit iusques que seras à l'achenal qui est entre le sable deuers l'est,&laisse le sable d'Ababour & le clocher Destibour & va ainsi, & quand seras deuant le village pose à 8. ou 10. brasses deuers l'oest, & conte la pleine Lune à l'est quart de nordest.

Sçaches que Blanquetin tient le cap de suroest petit à la mer,il tient 2. Isles & est plus pres du cap & plus basse & est plus grande à la mer, ronde & haute, & y a bon poser de suest iusques au nordest de Blancquetin à Yocle, y a 2. l. Yocle est port de marée & y a vne Isle deuers la mer comme l'Isle de S. Clare.

Sçaches que d'Yocle à Armor y a 2. lieues, Armor tient vn romo & vn farrillon , & au cap tient vne bache à vn cable, y a bon paus dedãs à 5.brasses deuãt vne maison rompue, & quand seras au paus, verras vn clocher haut, & tiendras à Biglo iusques au suest.

Sçaches que d'Armor à Mongarbay y a 3. l. Mongarbay tient vn cap romo, & y a vn grand farrillon;vn petit au cap de l'oest,tient vne bache à l'est nordest des farillons, & au cap y a deux baches à vne portée d'artillerie, & entre le cap & les farillons y a bon passage au paus, tu auras de basse mer 4. brasses, & auras à Biglo de nordest iusques au suroest.

Sçaches que si tu veux entrer en Coerca serre toy à la terre de l'est, verras Amor à la terre Destibour par vne bache qui est au milieu de l'entrée, il y a vn banc auquel n'y a de basse mer sinon vne brasse & demie, à l'achenal de l'est trouueras 10. ou 12. brasses, & dedans trouueras 20. brasses, & quand seras là , seras dedans , & tiendras deuers l'oest vn banc & vne terre au nord , & iras droit à elle iusques à ce que tu seras pres d'elle, & leue la sonde Dababour par les 4. ou 5. brasses par vn banc qui gist d'Ababour, despuis iras à la chenal de l'oest, pose la ou il te plaira.

Sçaches que si tu veux aller à Guicalle, iras de Cabobiezo au nord, & quãd seras tant auant comme l'entrée, verrsa comme vn Chasteau deuers l'est nordest, laisse ce Chasteau Destibour à l'entrée du port, y a vne bache & deuers l'est nordest y a des Isles; celle de pres la terre est petite, quand tu la tiendras auec la pointe seras à trauers de la bache & despuis qu'auras doublé la bache serre toy deuers Stibour & pose deuant le Chasteau à 6. ou 7, brasses, gist le carreyo nord & sud quart de norouest & suest.

Sçaches que de Cabobiezo a Artunelage, y a vne l, ne t'approches à la terre de l'est pource qu'il y a des baches, tu iras droit au cap de l'oest, & verras vne bache qui se descouure du tout de pleine mer, & y a vne aiuste du cap de suest, la bache est seure & ne tient requeste nulle, tu verras Amor à la pointe de demy cable, pose à la sabliere qui est ioincte auec la poincte de sud, à 7. ou 8. brasses, ce port est couuert sinon de suroest iusques à l'oest suroest.

Sçaches que d'Artunelage à Condor, y a 5. lieues, Condor, est entre Ros & port Ventura, il a au suroest du port vne Isle non pas tant grande cõme celle de Bristol; à l'entrée du port y a vn'Isle nonpas tant grande, & dehors des 2. pointes à celle de l'Isle y a 12. ou 14. brasses, & si tu vas par marques deuant que tu ne sois à la pointe dessus verras vn assier & iras droit à luy : car tout est seur, & iras ioinct à Clasier pour-ce qu'il y a des baches couuertes de toutes pars, pose à 10. ou. 11. brasses, en ce port deuers l'est de l'Isle, sinon deuers l'oest, & ce port tient dessus la pointe de l'est vne Tour en cecy te pourrras aduiser.

Sçaches que de Condor à port Ventura y a vne lieue, & venant deuers les 7. Chasteaux, il semble que tu sois à l'entrée deuers le noroest par ce qu'il semble à Cort, & celuy qui semble cort laisse le deuers Ababour ioinct auec le cap de l'entrée de suest, y a vne Isle & laisses la d'Ababour donnant Amor auec les 2. pars de l'entrée, approche toy deuers l'est par vne bache qui est dedans l'Isle à vn cable, & pose deuers l'est, l'entée est au nord noroest & sud suest, & est cõme l'entrée de S. Sebastian.

Sçaches que de port Venture aux 7. Chasteaux, y a vne lieue & demie, & des 7. Chasteaux paroissent les 5, voilles les 2. ne paroissent point, car elles sont plus bas & sortent deuers le nord à demy lieue; gisent les 7. chasteaux & port Venture nordest & suroest prenant de l'est oest.

Sçaches que Valentinor est 3. lieues au nordest du cap de Clare, & si tu voulois entrer dans Valentinor quãd tu seras tãt auant auec l'entrée verras le chasteau ; gist l'entrée nord & sud quart de noroest & suest, à l'ẽtrée y a vne bache à trauers de la pointe de l'est qui est a vn tiers de chenal deuers l'est serre deuers l'oest deuant le chasteau à 6. ou 7. brasses.

Sçaches que au suroest du cap de Clare iusques à la rocque Fastanay, gist l'entrée de Corcam nord noroest & sud suest à 2. lieues, Corcam est bon port,

Sçaches que si tu voulois cognoistre Drosey ez Isles venant de la mer verras au sud a trauuers 2. montaignes grandes deuers l'est & ne verras aucune terre sauf le cap de Clare 3. lieues deuers l'est de Vizen & Brian, & venant de la mer verras vne grande montaigne : deuers l'est suest y a 2. barres à l'entrée de Brian, tu verras vn chasteau blanc, & deuers l'oest de l'entrée y a vne bache à trauers de 2. farrillons, gist l'entree de nord nordest & su suroest.

Sçaches que allant du cap de l'oest au cap des Clare, verras 2. ou 3. monts hauts rons qui semblent Isles, ils semblent le cap de Clare de la mer en dehors, & y a vn mont ron, & toute la terre du nord se-faict basse sauf les montaignes, ainsi cognoistras les terres, & verras les 7. Chasteaux & basse se faict comm'vn Isle, & y a vn Chasteau ou 2. plus bas que Cabobiezo, & a vn tiers d'vne lieue à la mer y a vne bache.

Sçaches que si tu ez entre Cabobiezo & les 7. Chasteaux, verras dessus Cabobiezo vne montaigne ronde plus à l'oest, & vne autre mõtaigne à la maniere de gallere plus haute & plus longue que l'autre, & verras deuers l'oest vn mont, cours au milieu comme de Cabobiezo se faict basse & ronde, allant au sú toute la terre se faict basse dessus Cabobiezo, tu verras vn Chasteau deuers l'est, & ne verras autre montaigne iusques à Yocle: dessus les 7. Chasteaux, y a vne grande mõtaigne doublée plus haute que non pas les autres deuers l'oest

Sçaches que Coerca est 5. lieues de Cabobiezo, & deuers l'oest de l'entrée de Coerca, verras vn beau cap & basse à la riuiere, & toute la terre planiere, deuers le nordest se faict vn haure plus au nordest du haure, & verras l'alte de Mongarbay au pied de l'alte deuers est suroest, Ocla & Yocle sont pors de marée.

Sçaches que dessus Yocle, verras vne grande montaigne non tant haute cõme celle de Mongarbay, & ceste montaigne tient 6. pillos agus, & quand tiendras ce puys au nord nordest, tiendras l'entrée d'Yocle au nord noroest, deuers l'oest d'Yocle y a aussi vn autre Isle & vne sabliere, mais elle n'est pas tant grande comme la d'Yocle, & deuers l'est nordest y a vn beau cap.

Sçaches que Mongarbay est vn mont & n'y a en toute la coste lieu si haut deuers le noroest, se fait plus bas & à vn pied deuers l'est suest, il y a de Mongarbay à Gatafurde 7. lieues.

Sçaches que Gatafurde a vne Tour haute deuers l'est comme la Tour de la Crime à l'est suest sont les Isles de Saltes, & sont 2. Isles, & deuers l'oest est plus au sud des

Iſles à vne lieue, y a des baches qui ſont mauuaiſes & couuertes, deuers l'oeſt de l'entrée de Gatafurde, verras 2. beaux caps, & de grands monts, mais non-pas tant grands comme l'alte de Mongarbay, ainſi cognoiſtras les terres tout au long.

S'enſuiuent les routes & entrées des pors des Isles de Saltes iuſques à l'Iſle de Laubay qui eſt allant à Duelme.

Sçaches que giſent les Iſles de Saltes & Toſquey eſt nordeſt & oeſt ſuroeſt y a 4. lieues.

Sçaches que giſent Toſquey & l'Iſle de Baldreß nordeſt & ſuroeſt, y a 38. lieues.

Sçaches que giſent Toſquey & Grigalo nord nordeſt & ſud ſuroeſt, prenant de nord & ſud, & y a 20. lieues, Toſquey eſt vne Iſle comme Centol.

Sçaches qu'il y a vn banc de Toſquey iuſques à Duelme & n'y a point d'entrée par ou l'on puiſſe entrer ſauf de la terre de Toſquey tu iras iuſques au cap de Grigallo, il y a de Toſquey au cap de Grigallo, 20. lieues.

Sçaches que ſi tu veux entrer par terre de Toſquey allant de terre du banc, prends la ſonde d'Ababour & va par les 7. ou 8. braſſes iuſques à ce que tu trouues vne terre d'errochée qui ſe faict comme trancque à la riuiere de la mer, & ceſte trancque à l'oeſt noroeſt de l'Iſle de Toſquey au ſud, & auras à Toſquey 2. lieues & demie: dela iras deſſus la terre d'errochée, leue la ſonde d'Ababour par les 7. ou 8. braſſes iuſques à ce que tu ſois à 5. ou 6. braſſes, allors iras promptement au nord & trouueras d'auantage d'eauë, prends de nordeſt, & quand tu trouueras 9. ou 10. braſſes tu iras au nord, & ainſi iras au cap de Grigallo, & paſſeras de terre du banc à demy lieue la verras rompue à Stibour.

Sçaches qu'il y a vn banc à vn quart de lieuë à la mer, tu e lverras rompu, laisse le d'Ababour, & despuis double le cap de Grigalo, & iras au long de la terre d'Ababour au nord noroest cercher Alquey, y a vn Eglise: pour poser entre l'isle & le certam pose à 10. ou 12. brasses, prends la mer pour entrer en Duelme, il y a du cap de Grigallo à Alquey 8. ou 9. lieues.

Sçaches que despuis que tu auras passé Alquey, y a vne terre haute qui semble Isle, entre Alquey & ceste terre est l'entrée de Duelme, au cap de nord y a bon paus de suest iusques au noroest: que si tu voulois poser quand tu auras doublé le cap ya dedans iusques que tu sois à trauers du vilage, ou à trauers du cay, pose a 8. ou 9. brasses, & si tu és à poser a trauers du cay, pose a 5. ou 6. b. conte la pleine mer, la Lune au suest quart de sud.

Sçaches que les Isles de sainct Pierre sont entre Ordre & Laubay, & sont deux Isles petites & y a bon posoir, & si tu voulois poser, pose au cap à 10. ou 12. brasses.

Sçaches que l'Isle de Laubay est vne Isle haute & belle, & bon port par toutes pars: pour poser pose deuers terre pource qu'il ny à courent deuers la mer ny deuers terre, & y a vne buche: ne laisse de passer pres de terre pour entrer dans l'Isle & pose la ou te plaira au plus ou moins, conte la pleine mer la Lune au sud suest, & de terre de ceste Isle y a port de marée, ou les nauires demeurent à sec.

Sçaches que si tu veux entrer par marque, descouure le Chasteau de Grigallo qui est au cap de nord & y a vne Eglise, leue la descouuerte au corps d'vne voille, l'Eglise deuers le nord, & le Chasteau deuers le sud, gisent à l'oest noroest, va en ceste marque par toutes pars & leue la sonde par les 8. ou 9. brasses, & si tu voulois poser en Grigallo, pose a trauers du Chasteau a 7. brasses.

Sçaches que si tu ne pouuois entrer par terre de Tosquey,

quey, iras cercher Grigallo par le nord nordest, ainsi gist le carreyo & leue la sonde trouuant 18. ou 19. brasses, prends de nordest & va cercher les vingt-cinq brasses pour te garder du banc, ne t'aproches point à moins, iusques que tu tiendras vn mont à l'oest noroest tu pourras aller par marée & par iusante noroest, & par nord nordest.

Sçaches que si tu pars de Guiçalle, s'il y a marée iras au suest quart de l'est, & si est iusante à l'est suest: ainsi iras par le milieu de l'entrée du banc iusques à vingt-cinq brasses: allors seras dehors du banc; leue pour marque cõme dict est dessus l'Eglise dehors du chasteau au cor d'vne voille de nauire iusques à ce que tu sois à vingt-cinq brasses, & despuis que tu seras là; iras au sud suroest iusques à Tosquey, & de Tosquey iras aux Isles de Saltes, iras à l'oest suroest, & dela prends la route quand seras dehors de la manche de sainct George.

S'ensuiuent les trauerses des Isles de Saltes iusques à Olier, Christrc & Beaulmares.

Sçaches que gisent les Isles de Saltes & cap d'Olier nordest & suroest quart de nord & sud, y a 50. lieues.

Gisent Olier & les deux Isles qui sont au cap de Galles, nord nordest & sud suroest prenant de nord & sud, y a 35. lieues.

Gisent les deux Isles à la mer a cinq lieues du cap de Galles & la plus pres de terre est plus grande & ronde, & l'autre semble vn nauire, cés Isles & Gorsume gisent est oest entre elles, & y a bon passage laissant à Gorsume deuers la mer, & les autres Isles deuers Galles par la manche de S. George.

Gisent Esclamen & l'Isle de Garmansey nord & sud y a quatre lieues.

Item tu dois ſçauoir qu'ẽtre les Iſles de Saltes,& l'Iſle de permerſin qui ſont au cap de Saudabij eſt ſueſt & oeſt noroeſt, y a 24. lieues.

Giſent Baldreſi & l'Iſle de Garmanſey nordeſt & ſuroeſt, y a 18. lieues à Baldreſi, tient pour cognoiſſance 2. Iſles dehors du cap & y a bon paſſage entre elles & tient vn mont, à l'entrée y a vne Iſle, bon paſſage par dedans,& ſi tu paſſes, par dehors garde toy d'vne bache qui iette à l'Isle à vn cable deſpuis que tu paſſes pourras poſer à 20. braſſes.

Item tu dois ſçauoir que de Baldreſi à l'entrée de Carabant, y a 4. l. giſt ceſte coſte nord nordeſt & ſud ſuroeſt du mont, qui eſt à trauers de Carabane, y à Holier 6. lieues, & giſt le mont & cap d'Holier noroeſt & ſueſt quart de nord & ſud, & le cap d'Holier ſe faict comme le cap de Toro, y a deſſus vn eſpillon, & y a vne Iſle au pres de ſud ſuroeſt, la terre de l'entrée de Carabane iuſques à Holier. & eſt la terre raze, Holier ſe faict de loing comme à coſtes d'Iſle.

Giſent les Iſles de Baldreſi & cap d'Holier nord & ſud, y a 12. lieues, en ceſte entrée de Carabane y a des monts qui ſont à l'entour de dedans Carabane iuſques à Beaulmares.

Item le cap d'Holier eſt tout ſain, y a par deſſus bon poſoir, le clocher à l'oeſt ſuroeſt, & la pointe de l'oeſt noroeſt quart de nord, tiendras à Biglo à l'oeſt noroeſt iuſques au nordeſt, venant d'Holier; garde toy d'vne bache qui eſt couuerte, & eſt mauuaiſe.

Giſent Holier & l'Iſle de Curi, nord & ſud quart de nordeſt & ſuroeſt, y a 2. lieues, & ſe faict l'Iſle comme vn pic ſarrat, de ceſte Iſle à l'hermite y a 6. lieues, & y a bon paus par toutes parts, & giſent eſt nordeſt & oeſt ſuroeſt.

Giſent le cap de l'hermite & l'Iſle de Beaulmares noroeſt & ſueſt quart de l'eſt oeſt, y a 4. lieues à l'entrée de la pointe de Beaulmares, l'Isle iette dehors à la pointe, & y a vne bache haute qui paroist despuis d'vn quart de iusante deuers le Certam jette les pointes, & si tu y voulois entrer as de tenir descouuert le cap de suest longueur d'vn alazabre iusques que tu passes la premiere pointe du certan serre toy deuers Stibour à la mesme sonde, & ne vas dessus la chenal pour-ce qu'il y a des baches.

Itē tu dois sçauoir que l'Isle de Beaulmares à Goyene, y a 2. lieues, gisent nordest suroest, la Goyene est terre haute & semble vne Isle, & tiendras Abiglo de suest iusques a l'oest; pose à 5. brasses, mais elle n'est pas nette, deuant l'hermite est nette.

Item tu dois sçauoir que de Beaulmares a chistre leue la goyene par ce cap qui est à vne lieue, plus leue chistre descouuert longueur d'vne gallere, quand seras a l'entrée de la barre verras des chasteaux, & quand seront en vn, seras au plus estroit, gisent la goyene & la pointe de port menut est oest y a 8. lieues.

S'ensuiuent les cours au long de la coste de Galles iusques à Scossie.

TV sçauras que de Caldey iusques à Sclauien viēt la marée de noroest, & entre Sclauien & guolsumi viēt la marée de sud par toute la f[illegible] sse de la coste de galle; de Marizalles iusques à Holier, vient la marée de sud, prends la routte de suroest.

Item tu dois sçauoir que d'Holier iusques à l'Isle de Man, vient la marée de suroest au long de l'Isle de Man iusques dedans les 2. pars de l'Isle, & vient la marée de sud, sur oest.

Item tu dois sçauoir qu'à l'Isle de Man & Scosie, viēt la marée de l'oest, à la coste d'Escosie iusques au mont calbij, vient la marée de l'oest suroest.

Item de mont Calbij iusques à la pointe de Flocestā, vient la marée de nort noroest.

Item de la pointe de Flocestan iusques à Caũr, vient la marée de sud suroest, & dehors l'Isle d'Alsey, vient la marée de sud quart de suroest.

S'ensuiuent les lieues des Isles de Saltes iusques au cap de Quil.

TV sçauras que de Saltes à Gatafurde, y a	4. l.
De Gatafurde à Yocle,	10. l.
De Yocle à Cabobiezo,	10. l.
De Cabobiezo à port Venture,	6. l.
De port Venture à 7. Chasteaux,	1. l. ½.
De 7. Chasteaux à Valentinor,	3. l.
De Valentinor au cap de Clare,	3. l.
De Corcam à la rocque Fastanay,	2. l.
De cap de Clare au cap Mar,	4. l.
De cap Mar au cap Vizen,	10. l.
De cap Vizen aux Calmes,	7. l.
Des Calmes à Duigle,	8. l.
Des Calmes à les Brasquey,	6. l.
De les Carmellos à l'Isles de Roqueh,	7. l.
De Brasqueys au Haure d'Esmeric,	3. l.
De Brasqueys au cap d'Esmeric,	13. l.
De l'Esmeric aux Isles d'Arene,	12. l.
De Brasquey à l'Isle Dara,	20. l.
De Brasquey au cap de Quil.	43. l.

S'enſuiuent les degrez d'Eſpagne & Portugal.

Le cap d'Eſparcel,	36.	
Le cap de ſainct Vincent,	37.	
Le cap d'Eſpichis,	38.	$\frac{1}{4}$
Sainct Iuar,	39.	
La Berlinge,	40.	
L'Alta de Mondego,	40.	$\frac{1}{2}$
Port de Portugal,	41.	$\frac{1}{4}$
Les Isles de Bayonne,	42.	$\frac{1}{2}$
Le cap de Finiſterres,	43.	$\frac{2}{4}$

Degrez de France.

Bayonne,	44.	
Arcquaſſon,	45.	
Les Aſnes de Bourdeaux,	46.	
Le cap des Ballennes,	46.	$\frac{1}{4}$
L'Isle d'Vges,	47.	
Berisle,	48.	$\frac{1}{2}$
Sain,	48.	
Surlinge & Aliſart,	49.	$\frac{1}{2}$
Louday,	50.	

Les Isles de Saltes,	51. $\frac{1}{2}$
Gabobiezo,	52. $\frac{1}{2}$
Le cap de Mar & le cap de Clare,	52. $\frac{1}{2}$
Les Calmes,	53.
Les *Brasqueys*,	53. $\frac{1}{4}$
L'Isle d'Arenas,	54.
Le cap d'Allene,	54. $\frac{1}{4}$
Le cap Dequil,	55
Le cap Telin,	56. $\frac{1}{2}$
L'Isle Dara,	57.
Les Isles de Torren,	57. $\frac{1}{4}$

Degrez de terre neufue.

Cap de *Breton*,	45. $\frac{1}{1}$
Les Isles de sainct Pierre,	46.
Cap de Ras,	46. $\frac{1}{2}$
Vrmiche,	46. $\frac{2}{3}$
Les Isles Despere,	47. $\frac{1}{4}$
Cap Despere,	47. $\frac{1}{2}$
Cap de Concesion,	48. $\frac{1}{2}$
L'Isle de *Bacalan*.	48.
Cap de bonne viste,	49. $\frac{1}{2}$
Les Isles de fray Luys,	49. $\frac{3}{}$
L'Isle de Fogo,	49. $\frac{1}{4}$

Les Isles de Coiques,	49.	3
L'Isle Duc,	50.	1/4
Cap de S. Iean,	50.	1/2
L'Isle de Chibaux,	50.	1/2
Groye Berisles,	50.	1/4
L'Haure de S. Iullien,	51.	1/2
Cap de Grat,	52.	1/4
Berisle qui est au milieu de la baye	52.	1/2
Chasteau & Croix blanche,	53.	

S'ensuivent les routes, lieues, sondes, entrées, & cognoissances des ports de terre neufue; que chaque pillotte qui fait ledit voyage doit sçauoir pour se garder des lieux dangereux.

TV sçauras que le cap de Breton, & les Isles de sainct Pierre gisent est oest quart de noroest & suest, y a 45. l.

Gisent le cap de Breton & l'Isle de sable nord noroest & sud suest, y a 30. lieues.

Gisent le cap de Breton & le pertuis de Micqueton est oest, y a 42. l.

Gisent le cap de Breton & le Haure des Martires est nordest & oest suroest, y a 40. lieues: mais en ceste route ne t'approches point de 2. l. à la terre pour cause, car il y a des baches au long de la coste.

Gisent la Colombe de S. Pierre & le pertuis de Micquellon nord noroest & sud suest: y a 7. l.

Gisent les Isles de sainct Pierre & le port de Belin, est oest quart de nordest & suroest, y a 6. l.

Gisent le port de Belin & S. Laurens, est suest & oest noroest, y a 6. l.

Gisent les Isles de S. Pierre & le cap de S. Marie est oest quart de noroest & suest, y a 32. lieues, & prendras en ceste routte plus de noroest & suest.

Gisent cap de S. Marie & Plaisance nord nordest & sud suroest, y a 9. l.

Item tu dois sçauoir que quand tu iras du cap de S. Marie, en ceste routte de nord nordest, tu trouueras vne pointe longue qui se nomme Amigaiz dela à Plaisence y a 4. lieues, & du cap de S. Marie 5. lieues, apres que tu auras passé ledit Amigaiz, tu trouueras Plaisence, la premiere baye deuers Stibour.

Item tu dois sçauoir que des requestes de Plaisence, il y a 4. Isles au milieu du chemin entre la pointe d'Amigaiz & Plaisence & lesdites Isles sont demy lieue & 2. lieues de Plaisence, & entre les dictes Isles, & entre Plaisence y a vne bache couuerte qui est fort mauuaise, car il n'y a que 2. brasses & demie d'eau, & ladite bache est vne demy lieue de la pointe de Plaisence, & gist ladite bache est nordest & oest suroest.

Gisent le haure des Martires & Plaisēce est oest quart de noroest & suest, y a 16. lieues.

Gisent S. Laurens & les baches de S. Marie noroest & suest quart de nord & sud, y a 20. lieues.

Gisent la montaigne qui est à l'entrée de S. Laurens, & le cap de S. Marie noroest & suest, y a 15. lieues.

Gisent le cap de S. Marie, & les baches de S. Marie nordest & suroest quart de l'est oest, y a 2. lieues.

Gisent le cap de S. Marie & le port de Perche nord nordest & sud suroest, y a 2. lieues.

Gisent le cap de S. Marie & le cap de Ras noroest & suest quart de l'est oest, y a 19. lieues.

Gisent le cap de S. Marie & le cap de Pene noroest & suest quart de l'est oest, y a 12. lieues.

Gisent le cap de Ras & le cap de Pene est oest quart de noroest & suest, y a 9. lieues.

Item tu dois sçauoir que si tu ez 2. lieues à la mer sus le cap de Ras allant à oest noroest, tu iras querir les Isles de S. Pierre en routte de 42. lieues.

Gisent le cap de Pene & le port de Plespache nordest & suroest, y a 3. l.

Item tu dois sçauoir que despuis le cap de Ras iusques aux Isles de S. Pierre, & dela iusques à cap de Breton, la coste gist est suest & oest noroest, y a du cap de ras à cap de Breton 87. l.

S'ensuiuent les routes pour la coste de nordest & suroest, entre le cap de Ras & Bacallan, dure la coste 32. l.

Sçaches que le cap de Ras & les baches de cap de Ras gisent nord noroest & sud suest. y a 35. l.

Gisent le cap de Ras & Bacallan nordest & suroest quart de nord & sud, y a 32. l.

Gisent le cap de Ras & le cap Despere nord & sud quart de nordest & suroest, y a 18. l.

Gisent le cap Despere & Bacallan nord & sud quart de noroest, y a 14. l.

Gisent le cap de bonne viste & Bacallan, nord & sud, y a 12. l.

Gisent Bacallan & le port de S. Catherine noroest & suest quart de nord & sud, y a 9. l.

Gisent Bacallan & l'Isle de Pinguin nord & sud quart de nordest & suroest, y a 32. l.

Gisent le cap de bonne viste & l'Isle de Pinguin nord nordest & sud suroest, y a 18. l.

Gisent Bacallan & le cap de Concension nord & sud quart de nordest & suroest, y a 8. l.

Gisent Bacallan & Peyrucan, noroest & suest, y a 4. lieues.

Gisent Bacallan & le port de S. Iean de nord est suest & oest noroest, y a 7. lieues.

S'ensuiuent les routtes pour la coste de nord noroest & sud suest, du cap de bonne viste, aux Isles de Fogo, dure la coste 35. lieues.

TV sçauras que le cap de Bonne viste & les Isles de Corques, gisent nord & sud quart de noroest & suest, y a 14. lieues.

Gisent les Isles de Corques & les Isles de S. Barbe nord noroest & sud suest, y a 15. lieues.

Gisent les Isles de S. barbe & les Isles de Fogo nord & sud quart de noroest & suest, y a 7. lieues.

Gisent les Isles de Fogo & l'Isle de Pingim est suest & oest noroest, y a 12. lieues.

Gisent l'Isle de Pingim, Groie & Berisles noroest & suest quart de nord & sud ; tu prendras plus de nord & sud, & y a 32. lieues.

Gisent l'Isle de Pingim & le cap de Grat nord noroest & sud suest, y a 45. lieues ; à ladite routte tu iras 2. lieues dehors le cap de Grat.

Gisent l'Isle de Corques & l'Isle de Pingim nordest & suroest quard de nord & sud, y a 14. lieues.

Item tu dois sçauoir, que si tu voulois aller des Isles de Corques aux Isles de Fogos, il te faut aller 9. lieues au nord, & autres 9. lieues au nord quart de noroest, y a 18. lieues.

S'ensuiuent les routtes pour la coste de nord & sud, depuis les Isles de Fogo iusques à Groye & Berisles, en routte de 24. lieues

TV sçauras que les Isles de Fogo, Groye, & Berisles, gisent nord & sud, y a 24. lieues.

Gisent les Isles de Fogo & cap de S. Iean noroest & suest & prends vn petit de l'est oest, y a 12. lieues.

Gisent le cap de S. Iean & l'Isle de Pingim noroest & suest quart de l'est oest, y a 20. lieues.

Gisent le cap de S. Iean, Groye & Berilles nord nordest & sud suroest, y a 14. lieues.

Gisent le cap de S. Iean, & les Isles de Chibau nord & sud quart de noroest & suest, y a 5. lieues, & y a des baches sur les Isles de Chibau demy lieue de la terre deuers l'est.

Gisent les Isles de chibau, groye, Berilles, nordest & suroest, y a 9. l.

Gisent les Isles de Chibau, & l'Isle qui est sur le cap de S. Iean deuers l'est du cap de nord noroest & sud suest, y a 6. l.

Gisent le cap de S. Iean, & le port de Flordelis, noroest & suest quart de l'est oest, y a 6. l.

Gisent le cap de S. Iean, & le port de Sege, est oest quart de nordest & suroest, y a vne lieue.

Gisent le cap de S. Iean & le port de Bacque est oest quart de noroest & suest, y a 3. l.

Gisent le port de Sege, & les Isles de Chibau, nord & sud quart de nordest & suroest, y a 3. lieues.

Gisent le port de Sege, & le port de Flordelis, noroest & suest, tu prendras vn petit de nord & sud, y a 5. l.

Gisent le port de Flordelis, & le haure d'Orenge nord nordest & sud suroest, y a 5. l.

Gisent le cap de S. Iean, & Capenruge, nord & sud quart de nordest & suroest, y a 16. l.

Gisent Groie, Berilles & Capenruge, est suest & oest noroest, y a 4. l.

Gisent Groye, Berilles, & le cap de Grat, nord nordest & sud suroest, y a 14. l.

Gisent le cap de sud de Berilles, & le port de S. Iuilien, nord & sud quart de nordest & suroest, y a 8. l.

S'ensuiuent les lieues despuis Capenruge iusques au cap de Grat, la coste gist est nordest & oest suroest, y a 14.

Sçaches qu'à ladite coste entre Capenruge & le cap de Grat, il y a 11. ports, lesquels sont tous bons pour les nauires, & n'y a point de requestes en entrant aux ports qui seront nommez à present.

Premieremẽt de capẽruge au haure du petit maistre	3. l.
Du haure du petit maistre à S. Iullien,	2. l.
De S. Iullien aux Isles de Pecoz,	2. l.
De S. Iullien à la grosse montaigne,	3. l.
De la grosse montaigne à la Granelerie,	1. l.
De la Granelerie au port de Saubu,	2. l.
Du port de Saubu à Cheine,	1. l.
De Cheine à cap blanc,	1. l.

Sçaches qu'il y a vne bache à deux tiers d'vne lieue sur le port de Cheine, gist est suest & oest noroest.

De cap blanc à Bayedroget,	1. l.
De Bayedroget à Carbon, y a	1. l.

De Carbon au cap de Grat, y a vne lieue, sçaches que tu n'as point de danger entre lesdits ports nõmez à present sinon au cap de Grat, il y a deux entrées l'vne gist nord noroest & sud suest, & l'autre nordest & suroest: car il y a vne bache au milieu de l'ẽtrée. garde toy d'elle & range toy deuers ce bort ou Ababour.

Item tu dois sçauoir qu'à l'autre entrée du cap de Grat qui est nord noroest & sud suest, il y a vne bache plate despuis que tu ez entré dedans deuers suroest, à l'entrãt va tout droit à la grande Isle dedans le port mesme, & renge toy à la petite Isle qui est deuers Stibour.

S'ensuiuent les routes du cap de Grat iusques aux Isles de la grand baye, toute la baye gist est oest.

Sçaches que du cap de Grat iusques à Beaulsanim, y a 30. lieues, & quand tu voudras aller du cap de Grat à

Beaulſanim, va à oeſt quart de noroeſt, & quand tu voudras ſortir dehors viens à l'oeſt quart de nordeſt, à cauſe des marées & courans qui ſont dedans en routte de 30. lieues.

Giſent le cap de Grat & le Chaſteau noroeſt & sueſt quart de nord & ſud, y a 10. l.

Giſent le cap de grat & la baye de Sacure, eſt oeſt quart de nordeſt & ſuroeſt, y a 4. lieues.

Giſent le cap de grat & la pointe baſſe eſt oeſt, y a 7. lieues.

Giſent le Cap de grat & Boytus noroeſt & ſueſt quart de l'eſt oeſt y a 16. l.

Giſent le chaſteau & Berille noroeſt & ſueſt quart de l'eſt oeſt, y a 5. l.

Giſent le cap de grat & Berille qui eſt au milieu de la baye nord & ſud prenant de nordeſt ſuroeſt, y a 7. lieues.

Giſent la pointe baſſe & Boytus noroeſt & ſueſt, y a 10. lieues.

Giſent la pointe baſſe & le chaſteau nord nordeſt & ſud ſuroeſt y a 8. lieues, & y a vne bache couuerte à l'entrée du chaſteau deuers Ababour, viens pres de la petite Iſle.

Giſent le Chaſteau & Boytus eſt oeſt quart de nordeſt & ſuroeſt, y a 12. lieues, & entre le Chaſteau & Boytus il ny à point de ports pour demeurer des nauires ſinon vne pointe qui eſt au milieu du chemin laquelle ne vaut rien pour les nauires, & eſt mauuais lieu, ſçache que tu ne trouueras point de ports iuſques à Boytus, & trouueras à Boytus vne bache couuerte qui eſt fort d'angereuſe, giſt noroeſt & ſueſt quart de l'eſt oeſt, de la grande iſle de Boytus, & deuers la mer de l'Iſle de Flors à vn traict de bombarde, tu pourras bien paſſer deuers la terre d'elle, ſi tu viens au long de la terre du Chasteau deuers oest.

Item de Boytus au port de Ballenne, y a vne lieue, & à Boytus sur la pointe d'oest, y a vne bache couuerte aucune foys, tu pourrois bien passer deuers la terre d'elle mais garde toy de la bache.

Item du port de Ballenne iusques à Furx, y a trois lieues, & sçaches qu'il y a deux grandes Isles allant de Furx à trauers de l'Isle qui est deuers oest.

Item de Furx à Samadeg, y a 2. lieues petites, & de Samadeg à l'eau forte la ou demeurent les nauires, y à 2. lieues petites.

Item de l'eau forte iusques à Beaulsablom, y a 3. l. & sçaches qu'il y a vne baie entre les deux qui est fort mauuais lieu, car la mer rompt tout dehors quand le vent est suroest, il y a de Beaulsanim iusques à la baye vne lieue petite.

Item au pres de Beaulsanim deuers est nordest à trauers de quelques petites Isles sont deux baches couuertes qui sont dangereuses, & pour t'en garder quand tu viendras à Beaulsanim & seras à trauers du sable, de premier faits enuoyer deruers oest, tu n'auras dãger de riẽ.

Gisent Beaulsanim & l'Isle Denser est nordest & oest suroest, y a vne lieue.

Gisent l'Isle Danser & Brest noroest & suest quart de l'est oest, y a 6. l.

Item tu dois sçauoir que de Beaulsanim aux Isles, y a 2. lieues, & si tu veulois aller de Beaulsanim aux isles auec le nauire, garde toy de la pointe prime : car au dessus d'elle la mer rompt vne terre d'vne lieue, & ne t'approches point iusques à tant que tu l'auras passé bien auant deures oest & t'arrangeras fort à l'Isle Danser, n'ayes point peur de la pointe prime, & au pres l'Isle Danser, au pres des Isles y a entre elles vne bache au millieu de la baye & est couuerte, & si tu ne frappes n'auras danger de rien.

Item des Isles iusques à Droget, y a 2. lieues & y a des baches couuertes & fort dangereuses sus le Droget, & quand tu iras à Droget auec le nauire garde toy des baches,

Item de Droget à Cradon y a vne lieue, & y a des baches sus le Droget vne demy lieue deuers la mer qui sõt couuertes : garde toy d'elles quãd tu iras auec le nauire.

Item tu dois sçauoir que de gardon à Sachobodege y a vne petite lieue, à l'entrant de Sachobodege, & y a force baches deuers la mer, garde toy d'elles, les gens y sont bien besoin.

Item de Sachobodege iusques à Brest, y a 2. lieues, & y a des baches entre les deux, garde toy d'elles

S'ensuiuent les lieues qui sont du cap de Ras à Bacallan, gist la coste nordest & suroest.

TV sçauras que du cap de Ras iusques à Vrrimche, y a 7. lieues. à vne lieue d'Vrrimche y a vne bache descouuerte, tu n'auras point de danger de la bache si tu ne la touches, elle est basse & est deuers le sud fuest d'Vrrimche.

TV sçauras que d'Vrrimche a Fermosse, y a	1. l.
De Fermosse a Fortleau,	1. l.
De Fortleau, à Farrillon,	1. l.
De Farrillon aux Isles Despere,	4. l.
Des Isles Despere a Baye de Bour,	2. l.
De Baye de bour au petit port Despere,	2. l.
Du port Despere au port de S. Iean,	2. l.
Du port de S. Iean à cap de Concension.	4. l.
Du cap de Concension à Bacallan,	8. l.

S'ensuiuent les cognoissances des ports de terre neufue; desspuis le cap de Breton iusques au cap de Grat.

TV sçauras que Bacallan, a deux grandes Bayes deuers le sud, l'vne est deuers Concension, & l'autre deuers le nord.

Sçaches que le cap de Bonne viste a deux petites Isles dedans la Baye, & le cap est fort long.

Sçaches que aux Isles de Corques il y a 2. Isles: l'vne deuers la mer qui sont pres l'vne de l'autre & sont razes, & lesdites Isles sont pleines d'anches, & deuers le nordest des Isles, y a vne petite Isle qui a vn farrillon deuers le sud de la petite Isle, & deuers le nord nordest y a force rocques qui durent 4. lieues, & pour te garder tu iras 3. lieues au nordest, prends de l'est & n'ayes point de peur.

Sçaches que l'Isle de Fogos, le cap est fort long, & deuers l'est sur le cap de Fogos à vne ou 2. lieues, y sont 11. Isles.

Sçaches que l'Isle de Pinguin a deux petites Isles deuers le nordest, & deuers vn quart de lieue deuers oest suroest, y a des baches, quand la mer est belle, elles ne paroissent point, garde toy d'elles.

Sçaches que des Isles de Fogos iusques au cap de S. Iean, il y a 12. lieues, & entre les deux il y a vne baye: mais il n'y a point de lieu pour demeurer des nauires, il y a 4. lieues des Isles de fogos deuers le noroest & la ou il faict le cap aupres de luy, & y a deux petites Isles l'vne dehors dudict cap deuers la mer, l'autre petite tout dedans deuers la terre, & ledit cap se faict comme vn Certam, mais c'est tout Isle qui passe de l'autre golfe deuers noroest dudit cap.

Sçaches que pour cognoistre le cap de S. Iean, il a vne grande lieue deuers l'est & y a vne isle & vn farrillon deuers

deuers l'eſt.

Sçaches qu'il y a vne grande baye entre ce cap, & le cap de S. Iean il y a 3. lieues dudit, & 6. lieues du cap de S. Iean, & pour le cognoiſtre tu dois ſçauoir que le cap deuers ſueſt eſt fort long & haut à cauſe qu'il a 4. Isles ſemblables à celles de Ortiguero, il y a vne grande Iſle a demy lieue dudit cap deuers la mer deuers l'eſt à ladite baie & ny a point de ports tant ſeullement pour vn gallion.

Sçaches que pour cognoiſtre les iſles de Chibaux elles ſont grandes, Groye & Berilles y ſont eſt oeſt, les deux iſles & celle là qui eſt deuers l'eſt, eſt plus grande que nonpas l'autre, & ce faict comme la pointe du Figuier, & y a 2. petites iſles tout ioignant la pointe de l'eſt, & ſur la pointe de l'eſt iuſques a deux tiers d'vne lieue, il y a force baches, garde toy d'elles.

Sçaches que pour cognoiſtre le port de Flordelis, y a vne grande montagne à l'entrant deuers oeſt, qui ſemble comme vne fleur de lys.

Sçaches que pour cognoiſtre Groye & Berilles, ils ſont quatre lieues deuers la mer de Capenruge, & ſur le cap de Berille deuers le ſud y a deux petites Iſles entre le Certam & Berille.

Sçaches que pour cognoiſtre le cap de Grat ſi tu és deuers le nord de cap de Grat, le cap ſe fait comme vne pointe longue, & deuers le nord il eſt plus grand qu'il n'eſt deuers le ſud, il y a vn farillon qui tient deux enſemble comme de ſainct Home.

Sçaches que deuers le ſud de cap de Grat vne lieue à la mer y a deux Iſles petites qui ſont pres l'vne de l'autre & y ſont racoz, deuers l'eſt deſdites Iſles y a des baches, & ſi tu ne frappe les baches tu n'auras danger.

Sçaches que pour cognoiſtre Berille qui eſt au milieu de la baye, la pointe qui eſt deuers le ſud ſe fait lõgue, & ſur la pointe y a 3. trenclades, deuers la pointe de nord se fait long & bas, il y a 2. farrillons, & y a vne bache tout au bout deuers la pointe de nord.

Sçaches que si tu veux cognoistre le Chasteau, il y a vne grande montagne qui est plus grande que ne sont les autres, & à ladite montagne il y a deux farillons comme de sainct Home, & y a vne bache à l'entrãt deuers Ababour & est couuerte aucunes fois, garde toy d'elle.

Sçaches que pour cognoistre Boytus, depuis le Chasteau iusques à Boytus, tu ne trouueras point tant seulement vn bois tout au long de la terre sinon à vne grande lieue de Boytus deuers l'est, & de la aupres deuers oest vne lieue, tu trouueras vn grand boscage, la est le port de Boytus.

Sçaches que pour cognoistre Sachobodege, il y a vne grande montagne au milieu la ou demeurent les nauires, & ladite montagne est toute ronde & semble le Chasteau, & y a des baches au milieu de l'entrée, garde toy d'elles.

Sçaches que pour cognoistre le port de Cradon, il y a vne petite Isle qui a 3. farilons tout au bout la ou demeurent les nauires, entrant deuers Stibour est bon lieu au port.

Sçaches que pour cognoistre les Isles de S. Pierre, il y a deux grandes Isles, il y a de plus vne autre Isle que nous appellons Colombeire à cause qu'il y a forces anches, & deuers l'est de ladite Colombeire vne grande lieue, il y a vne petite Isle que nous appellons Isle Dargentine, il y a deux autres entrées aux Isles de S. Pierre, l'vne est sud & l'autre est fort estroite, il y des baches fort couuertes qui sont fort dangereuses, l'autre est fort large & bonne, & y a force baches couuertes deuers Ababour & deuers sud suest de l'Isle, quand tu viendras dedans range toy deuers Stibour ou par le milieu, alors n'auras danger de rien.

S'ensuiuent les sondes de terre neuf depuis les Isles de sainct Pierre iusques au cap de Grat.

SCaches que quand tu auras 80. lieues au cap de Ras tu trouueras sable blanc, & quand tu iras du cap de Ras à oest noroest, tu auras autant de lieues à terre comme de brasses, & trouueras sonde iusques à terre.

Sçaches que quand tu auras Christal tu seras entre le cap de Ras & Concension.

Sçaches que quand tu seras est suest & oest noroest du cap de Ras, tu trouueras 107. brasses, sable menu, au plomb coup de pierre.

Sçaches que quand tu seras sur le cap de Ras à 60. br. trouueras sable meslé rouge, & Cristal menu.

Sçaches que quand tu seras sur le cap de Ras à 50. br. tu auras Cristal & sable menu comme mil petit & gros aussi.

Sçaches que quand tu seras sur le cap de Ras à 40. br. auras Cristal plus gros que le mil.

Sçaches que quand tu seras est suest & oest noroest du cap Despere à 55. lieues de la terre, tu trouueras 130. brasses toute basse.

Sçaches que quand tu seras à 40. lieues du cap Despere, tu trouueras 80. brasses, caillou plat & noir cristal, plus au milieu du plomb comme mil.

Sçaches que quand tu seras dessus le cap Despere à 28. lieues de la terre trouueras 60. brasses & tu seras bien tost à la pergime de la terre, & si tu trouues dans 20. lieues, tu iras au long de la pergime de la terre deuers le cap de Ras.

Sçaches que si tu és sur le cap de Concension ou sur Bacallan, tu trouueras à la sonde pierre au plomb, & 40. ou 35. lieues à terre.

Sçaches que quand tu auras pasé le banc de Bacallan, tu trouueras six-vingts ou cent brasses.

Sçaches que quand tu seras sur le cap de Concensiõ, tu trouueras fort profond à vne lieue de terre, tu trouueras six-vingts brasses.

Sçaches que quand tu seras au cap de S. Iean, tu trouueras sonde mesme grosse & coup de pierre au plomb.

Sçaches que quand tu seras est suest & oest noroest de fray Loys quarãte-neuf degrez & demy vingt lieues de la terre, tu trouueras cent ou huictante-cinq brasses, & si tu cours dela au nord quart de noroest, tu iras querir les Groye & Berilles, y a quarante lieues.

Sçaches que quand tu seras est suest & oest noroest du cap de bonne viste à quarante-neuf degrez, tu auras cẽt quarante brasses, bas molle, & tu auras à terre vingt-sept ou trente lieues.

Sçaches que quand tu seras est suest & oest noroest des Isles de Chibaux à 50. degrez & demy vingt lieues de la terre, tu trouueras cent vingt-cinq brasses au plõb coup de pierre, & si tu cours dela au noroest quart de nord, tu iras querir Groye & Berilles; tu auras à terre vingt-sept ou trente lieues.

Sçaches que quãd tu seras est oest de Groye & Berilles quarante lieues allant à la mer tu auras cent soixante brasses, & depuis dela iusques à terre, tu trouueras à la sonde cent quarante ou cent vingt ou cent brasses.

Sçaches que quand tu seras quarante-cinq degrez & deux tiers noroest & suest quart de nord & sud à 35. l. du cap de Ras tu auras 35. brasses à la sonde, de cristal, coral, trinctade au milieu, & depuis dela en ceste route tu trouueras si sondes tousiours iusques à 35. brasses, sengal comme grans de pommiers callau plat, & quand approcheras à terre vingt-cinq lieues, tu auras quarante cinq brasses & piez rude au milieu sable rude & noir.

S'enſuiuent les cognoiſſances des oyſeaux quand tu ſeras ſur le banc de terre neufue.

Sçaches que par tout le chemin de terre neufue quand tu ſeras approché cent lieues de la terre, tu trouueras de grands oyſeaux qui ne peuuent bouger, depuis faits bon guet à terre.

Sçaches que quand tu ſeras approché au banc de terre neufue tu trouueras aſſez d'oyſeaux blancs, & tu trouueras le banc, ſi tu és de Bacallan tu ſeras deuers le ſud.

Sçaches que ſi tu ſondes au cap du banc deuers l'eſt deſſus Bacallan, tu n'auras que 60. ou 70. lieues à terre.

Sçaches que quand tu ſeras approché à terre, tu trouueras de petits poteros dix ou quinze au coup, alors faits bon guet à terre.

S'enſuiuent les routes, requeſtes & dangers des ports de terre neufue.

Sçaches que quand tu ſeras au cap de Ras à vingt-cinq lieues allant au noroeſt & ſueſt allant à la mer, il y a de mauuaiſes baches, & la mer rompt en trois lieux; garde toy d'elle.

Sçaches qu'au cap de S. Marie 2. lieues allant à la mer y a des baches qui ſont couuertes; garde toy d'elles

Sçaches qu'entre le cap de Ras & Bacallan, ny a point de requeſtes iuſques à terre, ſinon deuers ſud ſueſt Durrimche à vne lieue allant à la mer, & y a vne bache deſcouuerte; garde toy d'elle.

Sçaches qu'entre le cap de bonne viſte & entre les Iſles de Fogos y a fort mauuais lieu: car aux Iſles de Corques y a force baches couuertes & deſcouuertes quatre lieues de terre allant nord nordeſt, & ſçaches que ſi tu és au port meſme de Corques, & ſi tu voulois aller au nord va nordeſt & prends de l'eſt: alors ne te ſoucie des baches en ceſte route allant le nord.

Sçaches qu'entre les Iſles de Fogos & entre Groye & Berilles, ny a point de requeſtes iuſques à terre, ſinon des Iſles de Chibaux il y a des baches ſur la pointe deuers l'eſt à demie lieue allant à la mer, dauantage entre les Iſles de Groye & Berilles & l'Iſle de Fogos y a 5. bayes.

Sçaches que deuers le noroeſt de Groye, il y a vne pointe qui eſt fort mauuaiſe, le lieu eſt petit, garde toy d'elle.

Sçaches que le port de Chene à vne petite lieue allant eſt ſuroeſt, il y a vne bache fort mauuaiſe, garde toy d'elle.

S'enſuiuent les routes & entrées des ports de terre neufue.

Sçaches que giſent l'entrée de S. Marie, nord noroeſt & ſud ſueſt.

Giſent l'entrée de Treſpache, nordeſt & ſuroeſt.

Giſent l'entrée de Durruiche, noroeſt & ſueſt, & entrant deuers Stibour, y a des baches couuertes, garde toy d'elles.

Giſent l'entrée de Fermoſſe, noroeſt & ſueſt.

Giſent l'entrée de Fortleau, noroeſt & ſueſt.

Giſent l'entrée de Farrillon, noroeſt & ſueſt.

Giſent l'entrée de port de ſainct Iean, eſt oeſt.

Giſent l'entrée des Iſles de Corques, nord & ſud.

Giſent l'entrée de port de Sege, noroeſt & ſueſt.

Giſent l'entrée des ports de Bacque, eſt ſueſt & oeſt noroeſt.

Giſent l'entrée de port de Flordelys, noroeſt & ſueſt.

Giſent l'entrée de Cambuete, eſt oeſt.

Giſent l'entrée de Capéruge, eſt ſueſt & oeſt noroeſt.

Gisent l'entrée du haure du petit Maistre, est suest & oest noroest.

Gisent l'entrée de S. Iulien, nord & sud.

Gisẽt l'ẽtrée de Gramallerie, est suest & oest noroest.

Gisent l'entrée des Isles de Pecoz, noroest & suest.

Gisent l'entrée de port de Saubu, nord & sud.

Gisẽt l'ẽtrée de port de Chesne, nord noroest & suest

Gisent l'entrée de cap Blanc, nordest & suroest.

Gisent l'entrée de Baye de Oget, est oest.

Gisent l'entrée de Carbon, est oest.

Gisét l'ẽtrée de cap de Grat l'vn des deux, nord & sud

Gisẽt l'autre entrée du cap de Grat nordest & suroest

Gisent l'entrée de Baye de Secure nordest & suroest

Gisent l'ẽtrée de Casteau, nord nordest & sud suroest

Gisent l'entrée de Boytus, nordest & suroest.

Gisent l'entrée de Baye de Balenne qui est aupres de Boytus, vn port qui se nomme port de Ballenne, il est nord & sud.

Gisent l'entrée de Furx, est nordest & oest suroest, & y a vne bache deuers sud suest tout ioignãt la pointe de-hors, garde toy d'elle, car elle est mauuaise.

Item tu sçauras qu'à l'entrée de Furx & des 2. grãdes Isles qui sont la aupres de Furx, il y a 4. baches qui sont mauuaises, elles sont nordest & suroest de la grand Isle qui est vers l'est, & y a 2. grãdes Isles ou sont les baches.

Gisent l'entrée de Samadag, est nordest & oest suroest.

Gisent l'entrée de Baye des Ballennes, nord nordest & sud suroest.

Item tu sçauras que le port de Beaulsanim, est à vne couche qui est découuerte de tout tẽps: mais c'est vn port & bõne trẽche, sable net, gist l'entrée des Isles est oest.

Item de l'Isle Dancens, il y a vn port duquel l'entrée est l'Isle de bois est toute descouuerte de tout temps & est salle au fons.

Item tu dois sçauoir que des Isles aux Isles Dancens au milieu du chemin y a vne bache descouuerte,& quãd la mer est grande elle rompt.

Gisent l'entrée du port Droget noroest & suest.

Gisent l'entrée de Cradon nord & sud, & dehors y a des baches à l'entrée deuers la mer.

Gisent l'entrée de Sachobodege est nordest & oest suroest,y a des baches descouuertes qui sont mauuaises.

Gisẽt l'ẽtrée de Brest nordest & suroest,& n'y apoint de requestes iusques à terre,prẽs garde d'elles en entrãt.

Item tu dois sçauoir que quand tu voudrois sortir par dedans le ports de Carbon pour aller à la grand baye, garde toy des baches qui sont au bout de l'Isle, la plus grande terre est deuers Carbon au long de la riuiere, & porte les marques toutes fermes l'vne pour l'autre,alors n'auras danger de la bache , & quand seras tant auant comme la bache, tu auras les deux caps qui sont deuers oest l'vn pour l'autre, il y a dessus la bache vne brasse & demie,gist la bache est oest.

S'ensuit ce present regiment pour prendre la hauteur du Soleil & de l'estoille de nord pour les terres neufues: Sçaches que la terre neufue n'est pas comparée à celle de nostre pays,à cause qu'il fait mouuemẽt à terre neufue: car le Soleil nous l'auons en nostre pays le plus haut au sud , & l'estoille de nord à nord, & à terre neufue nous auons le Soleil au plus haut au sud suroest , & l'estoille de nord à nord nordest,& pour cela n'est pas cõparée auec celle de nostre pays.

Sçaches que pour prendre ton alture tu prẽdras pour l'estoille de nord à nord nordest, l'alture que tu prẽdras pour le trouuer, tu dois aller à oest noroest : car si tu va à Vest en posant, tu trouueras à Vest, tu ne trouueras point pour raison que le Soleil & l'estoille font mouuement ainsi que ie t'ay declaré à present.

FIN.

S'ensuit le present regiment pour prendre l'alture de l'estoille de nord pour adiouster ta declinaison quand tu seras en ces quatre bancs, qui seront nommez à present.

SCaches que quand tu prendras ton alture, quand les gardes seront au noroest tu adiousteras demy degré de ton alture que tu prendras, & quand les gardes seront au noroest les deux gardes seront nord & sud, alors iras bien.

Sçaches que quand tu prendras ton alture, quand les gardes seront au nord, il faut que tu adioustes trois degrez à ton alture que tu prendras, & quand les gardes seront au nord, les gardes y seront nord & sud, alors tu iras bien.

Sçaches que quand tu prendras ton alture quand les gardes seront au noroest, il faut que tu adioustes trois degrez & demy à ton alture que tu prendras, & quand les gardes seront au nordest les deux gardes seront est oest, alors iras bien.

Sçaches que quand tu prendras ton alture quand les gardes seront à l'est, il faut que tu adioustes vn degré & demy à ton alture que tu prendras les gardes quand seront à vest, les gardes y seront est vest, alors iras bien.

S'ensuit le present regiment pour prendre ton alture : il est autre compte pour oster de ton alture declinaison qui sera declaré à present en ces quatre bancs, qui seront nommez.

SÇaches que quand tu prendras ton alture, quand les gardes seront au suest, il faut oster vn demy degré de ton alture que tu prendras, & quand les gardes seront au suest, les deux gardes seront nord & sud, alors iras bien.

Sçaches que quand tu prendras ton alture, quand les gardes seront au sud, il faut que tu oste trois degrez de ton alture que tu prendras, & quand les gardes seront au sud, les gardes seront nord & sud, alors tu iras bien.

Sçaches que quand tu prendras ton alture quand les gardes seront au suroest, il faut oster trois degrez & demy de ton alture que tu prendras, & quand les gardes seront au suroest les deux gardes seront est oest, alors iras bien.

Sçaches que quand tu prendras ton alture quand les gardes seront à vest, il faut oster vn degré & demy de ton alture que tu prendras, & quand seront à vest, les deux gardes seront est vest, auec l'estoille de nord, alors iras bien.

S'ensuiuent les tables de la declinaison, ou éloignement que fait le Soleil de la ligne Equinoctiale chacun iour des quatre ans, tant à la partie du nord, comme du sud.

La declinaison du Soleil.

PREMIERE ANNEE.

Ianuier.			Feurier.			Mars.		
iours	degr	min.	iours	degr	min.	iours	degr	min,
1	21	52	1	14	0	1	3	41
2	21	42	2	13	40	2	3	18
3	21	32	3	13	22	3	2	54
4	21	22	4	13	0	4	2	31
5	21	10	5	12	39	5	2	7
6	21	0	6	12	18	6	1	44
7	20	47	7	11	58	7	1	20
8	20	35	8	11	37	8	0	56
9	20	22	9	11	16	9	0	31
10	20	10	10	10	54	10	0	9
11	19	57	11	10	31	11	0	15
12	19	42	12	10	10	12	0	39
13	19	28	13	9	47	13	1	3
14	19	13	14	9	26	14	1	27
15	19	0	15	9	4	15	1	51
16	18	45	16	8	41	16	2	15
17	18	28	17	8	19	17	2	38
18	18	12	18	7	57	18	3	1
19	17	52	19	7	34	19	3	25
20	17	40	20	7	12	20	3	47
21	17	22	21	6	48	21	4	20
22	17	5	22	6	29	22	4	34
23	16	40	23	6	2	23	4	56
24	16	36	24	5	36	24	5	20
25	16	13	25	5	15	25	5	43
26	15	55	26	4	51	26	6	5
27	15	37	27	4	28	27	6	28
28	15	19	28	4	4	28	6	50
29	15	1				29	7	12
30	14	42				30	7	35
31	14	21				31	7	57

iours degr min. iours degr min. iours degr min.

PREMIERE ANNEE.

Auril.			May.			Iuin.		
iours	*degr*	*min.*	*iours*	*degr*	*min.*	*iours*	*degr*	*min,*
1	8	20	1	17	52	1	23	8
2	8	41	2	18	8	2	23	12
3	9	2	3	18	23	3	23	16
4	9	24	4	18	39	4	23	20
5	9	47	5	18	53	5	23	23
6	10	7	6	19	7	6	23	26
7	10	20	7	19	21	7	23	28
8	10	51	8	19	33	8	23	30
9	11	12	9	19	47	9	23	32
10	11	32	10	19	56	10	23	33
11	11	52	11	20	11	11	23	33
12	12	12	12	20	24	12	23	33
13	12	31	13	20	35	13	23	32
14	12	49	14	20	46	14	23	31
15	13	8	15	20	58	15	23	30
16	13	28	16	21	10	16	23	28
17	13	48	17	21	20	17	23	26
18	14	8	18	21	30	18	23	24
19	14	28	19	21	40	19	23	22
20	14	47	20	21	48	20	23	19
21	15	7	21	21	57	21	23	15
22	15	24	22	22	5	22	23	11
23	15	43	23	22	13	23	23	17
24	16	0	24	22	21	24	22	2
25	16	16	25	22	28	25	22	57
26	16	31	26	22	30	26	22	52
27	16	48	27	22	41	27	22	47
28	17	4	28	22	48	28	22	41
29	17	20	29	22	54	29	22	34
30	17	36	30	23	0	30	22	26
			31	23	4			

La declinaison du Soleil.

PREMIERE ANNEE.

Iuillet.			Aoust.			Septembre.		
iours	degr	min.	iours	degr	min.	iours	degr	min.
1	22	18	1	15	34	1	4	49
2	22	11	2	15	16	2	4	27
3	22	2	3	14	57	3	4	2
4	21	53	4	14	39	4	3	40
5	21	44	5	14	20	5	3	17
6	21	36	6	14	3	6	2	53
7	21	26	7	13	42	7	2	29
8	21	16	8	13	25	8	2	6
9	21	4	9	13	5	9	1	43
10	20	53	10	12	45	10	1	20
11	20	44	11	12	24	11	0	57
12	20	30	12	12	3	12	0	33
13	20	19	13	11	45	13	0	9
14	20	7	14	11	3	14	0	15
15	19	56	15	11	25	15	0	39
16	19	40	16	10	43	16	1	3
17	19	28	17	10	20	17	1	26
18	19	14	18	10	0	18	1	50
19	19	1	19	9	38	19	2	14
20	18	46	20	9	17	20	2	37
21	18	31	21	8	56	21	3	5
22	18	16	22	8	34	22	3	25
23	18	2	23	8	12	23	3	48
24	17	45	24	7	51	24	4	12
25	17	28	25	7	28	25	4	25
26	17	12	26	7	6	26	4	48
27	16	58	27	6	43	27	5	12
28	16	41	28	6	19	28	5	45
29	16	25	29	5	57	29	6	8
30	16	9	30	5	2	30	6	31
31	15	15	31	5	34			

La declinaison du Soleil.

PREMIERE ANNEE.

Octobre.			Nouembre.			Decembre.		
iours	degr	min.	iours	degr	min.	iours	degr	min.
1	6	55	1	17	28	1	23	6
2	7	17	2	17	45	2	23	11
3	7	41	3	18	0	3	23	15
4	8	2	4	18	16	4	23	19
5	8	24	5	18	30	5	23	23
6	8	47	6	18	47	6	23	26
7	9	8	7	19	1	7	23	28
8	9	30	8	19	19	8	23	30
9	9	52	9	19	34	9	23	31
10	10	14	10	19	48	10	23	32
11	10	36	11	20	0	11	23	33
12	10	58	12	20	14	12	23	33
13	11	20	13	20	26	13	23	33
14	11	41	14	20	39	14	23	32
15	12	2	15	20	50	15	23	31
16	12	24	16	21	2	16	23	30
17	12	45	17	21	13	17	23	28
18	13	5	18	21	25	18	23	25
19	13	26	19	21	36	19	23	22
20	13	46	20	21	45	20	23	17
21	14	6	21	21	55	21	23	12
22	14	26	22	22	3	22	23	7
23	14	45	23	22	12	23	23	2
24	15	5	24	22	22	24	23	56
25	15	25	25	22	29	25	22	50
26	15	44	26	22	36	26	22	44
27	16	2	27	22	44	27	22	37
28	16	20	28	22	50	28	22	30
29	16	37	29	22	56	29	22	22
30	16	54	30	23	1	30	22	14
31	17	10				31	22	5

SECONDE ANNEE.

Ianuier.			Feurier.			Mars.		
iours	degr	min.	iours	degr	min.	iours	degr	min.
1	21	54	1	14	6	1	3	47
2	21	45	2	13	46	2	3	23
3	21	35	3	13	26	3	2	59
4	21	22	4	13	6	4	2	35
5	21	14	5	12	46	5	2	12
6	21	3	6	12	26	6	1	48
7	20	51	7	12	5	7	1	24
8	20	38	8	11	44	8	1	0
9	20	26	9	11	22	9	0	36
10	20	13	10	11	0	10	0	12
11	20	0	11	10	39	11	0	12
12	19	46	12	10	17	12	0	36
13	19	33	13	9	55	13	1	0
14	19	18	14	9	33	14	1	23
15	19	4	15	9	11	15	1	46
16	19	49	16	8	49	16	2	9
17	18	34	17	8	27	17	2	32
18	18	18	18	8	4	18	2	56
19	18	1	19	7	41	19	3	19
20	17	44	20	7	18	20	3	43
21	17	28	21	6	55	21	4	26
22	17	22	22	6	32	22	4	29
23	16	55	23	6	8	23	4	53
24	16	36	24	5	44	24	5	16
25	16	19	25	5	21	25	5	40
26	16	0	26	4	57	26	6	2
27	15	40	27	4	33	27	6	15
28	15	22	28	4	10	28	6	48
29	15	3				29	7	10
30	14	44				30	7	32
31	14	24				31	7	52

SECONDE ANNEE.

Auril.			May.			Iuin.		
iour	*degr*	*mid.*	*iours*	*degr*	*min.*	*iours*	*degr*	*min.*
1	8	12	1	17	48	1	23	8
2	8	34	2	18	4	2	23	13
3	8	54	3	18	21	3	23	16
4	9	14	4	18	33	4	23	19
5	9	35	5	18	46	5	23	22
6	9	58	6	19	1	6	23	25
7	10	20	7	19	16	7	23	27
8	10	42	8	19	13	8	23	29
9	11	3	9	19	43	9	23	30
10	11	25	10	19	55	10	23	31
11	11	45	11	20	7	11	23	32
12	12	5	12	20	21	12	23	33
13	12	24	13	20	33	13	23	33
14	12	43	14	20	44	14	23	32
15	13	3	15	20	54	15	23	31
16	13	23	16	21	5	16	23	30
17	13	43	17	21	16	17	23	28
18	14	3	18	21	26	18	23	25
19	14	21	19	21	35	19	23	21
20	14	43	20	21	44	20	23	18
21	15	2	21	21	53	21	23	14
22	15	20	22	22	2	22	23	10
23	15	37	23	22	10	23	23	6
24	15	54	24	22	19	24	23	3
25	16	12	25	22	26	25	22	58
26	16	28	26	22	33	26	22	54
27	16	46	27	22	40	27	22	49
28	17	2	28	22	46	28	22	42
29	17	18	29	22	53	29	22	36
30	17	34	30	22	58	30	22	24
			31	23	3			

La declinaison du Soleil.

SECONDE ANNEE.

Iuillet.			Aoust.			Septembre.		
iours	degr	min.	iours	degr	min.	iours	degr	min.
1	22	20	1	15	37	1	4	56
2	22	12	2	15	20	2	4	32
3	22	3	3	15	1	3	4	9
4	21	54	4	14	43	4	3	46
5	21	45	5	14	24	5	3	23
6	21	37	6	14	6	6	3	0
7	21	27	7	13	47	7	2	36
8	21	17	8	13	27	8	2	12
9	21	6	9	13	8	9	1	48
10	20	54	10	12	49	10	1	24
11	20	43	11	12	29	11	1	0
12	20	32	12	12	9	12	0	36
13	20	21	13	11	49	13	0	13
14	20	10	14	11	29	14	0	11
15	19	57	15	11	8	15	0	35
16	19	43	16	10	48	16	0	58
17	19	31	17	10	27	17	1	22
18	19	19	18	10	6	18	1	45
19	19	5	19	9	44	19	2	9
20	18	50	20	9	23	20	2	33
21	18	35	21	9	1	21	2	36
22	18	20	22	8	40	22	3	20
23	18	5	23	8	19	23	3	43
24	17	58	24	7	58	24	4	7
25	17	34	25	7	36	25	4	30
26	17	19	26	7	14	26	4	16
27	17	3	27	6	51	27	5	35
28	16	47	28	6	29	28	5	39
29	16	30	29	6	7	29	6	2
30	16	12	30	5	55	30	6	25
31	15	55	31	5	20			

SECONDE ANNEE.

Octobre.			Nouembre.			Decembre.		
iour.	degr	min.	iours	degr	min.	iours	degr	min.
1	6	48	1	17	25	1	23	5
2	7	11	2	17	41	2	23	10
3	7	34	3	17	57	3	23	14
4	7	56	4	18	14	4	23	18
5	8	19	5	18	29	5	23	22
6	8	34	6	18	46	6	23	25
7	9	4	7	19	0	7	23	27
8	9	26	8	19	15	8	23	29
9	9	48	9	19	29	9	23	31
10	10	10	10	19	42	10	23	32
11	10	31	11	19	56	11	23	33
12	10	53	12	20	11	12	23	33
13	11	15	13	20	23	13	23	33
14	11	37	14	20	35	14	23	32
15	11	58	15	20	47	15	23	31
16	12	19	16	21	0	16	23	30
17	12	38	17	21	12	17	23	28
18	12	59	18	21	24	18	23	27
19	13	20	19	21	35	19	23	22
20	13	40	20	21	44	20	23	18
21	14	10	21	21	53	21	23	14
22	14	20	22	22	4	22	23	10
23	14	39	23	22	13	23	23	5
24	14	58	24	22	21	24	22	58
25	15	17	25	22	29	25	22	52
26	15	36	26	22	37	26	22	45
27	15	34	27	22	44	27	22	38
28	16	12	28	22	50	28	22	30
29	16	32	29	22	56	29	22	22
30	16	49	30	23	0	30	22	14
31	17	7				31	22	6

TROISIESME ANNEE.

Ianuier.			Feurier.			Mars.		
iours	*degr*	*min,*	*iours*	*degr*	*min.*	*iours*	*degr*	*min.*
1	21	57	1	14	10	1	3	54
2	21	48	2	13	50	2	3	30
3	21	39	3	13	36	3	3	6
4	21	28	4	13	10	4	2	44
5	21	18	5	12	50	5	2	19
6	21	6	6	12	29	6	1	55
7	20	55	7	12	9	7	1	30
8	20	43	8	11	48	8	1	7
9	20	31	9	11	27	9	0	42
10	20	18	10	11	5	10	0	19
11	20	5	11	10	44	11	0	5
12	19	51	12	10	22	12	0	28
13	19	37	13	10	0	13	0	52
14	19	24	14	9	28	14	1	16
15	19	10	15	9	16	15	1	40
16	18	56	16	8	54	16	2	4
17	18	38	17	8	32	17	2	27
18	18	20	18	8	9	18	2	51
19	18	4	19	7	45	19	3	14
20	17	55	20	7	22	20	3	37
21	17	32	21	6	58	21	4	0
22	17	15	22	6	36	22	4	24
23	16	58	23	6	13	23	4	47
24	16	40	24	5	50	24	5	10
25	16	22	25	5	27	25	5	33
26	16	4	26	5	2	26	5	54
27	15	46	27	4	40	27	6	17
28	15	28	28	4	15	28	6	39
29	15	0				29	7	2
30	14	48				30	7	25
31	14	29				31	7	48

La declinaison du Soleil.

TROISIESME ANNEE.

Auril.			May.			Iuin.		
iours	degr.	min.	iours	degr	min.	iours	degr	min
1	8	8	1	17	43	1	23	6
2	8	32	2	17	58	2	23	11
3	8	53	3	18	16	3	23	15
4	9	13	4	18	31	4	23	18
5	9	35	5	18	46	5	23	21
6	9	57	6	18	58	6	23	24
7	10	19	7	19	16	7	23	27
8	10	39	8	19	29	8	23	39
9	11	0	9	19	42	9	23	30
10	11	21	10	19	53	10	23	31
11	11	42	11	20	6	11	23	32
12	12	3	12	20	17	12	23	33
13	12	23	13	20	29	13	23	33
14	12	42	14	20	41	14	23	33
15	13	1	15	20	53	15	23	32
16	13	22	16	21	3	16	23	31
17	13	40	17	21	14	17	23	29
18	13	58	18	21	25	18	23	27
19	14	17	19	21	36	19	23	24
20	14	36	20	21	44	20	23	21
21	14	55	21	21	56	21	23	17
22	15	14	22	22	1	22	23	13
23	15	32	23	22	18	23	23	9
24	15	50	24	22	25	24	22	4
25	16	6	25	22	33	25	22	1
26	16	24	26	22	39	26	22	55
27	16	41	27	22	45	27	22	51
28	16	56	28	22	52	28	22	44
29	17	12	29	22	58	29	22	38
30	17	29	30	22	2	30	22	30
			31	23				

La declinaiſon du Soleil.

TROISIESME ANNEE.

Iuillet.			Aouſt.			Septembre.		
iours	degr	min.	iours	degr	min.	iours	degr	min.
1	22	22	1	15	42	1	5	10
2	22	14	2	15	25	2	4	37
3	22	7	3	15	7	3	4	13
4	21	57	4	14	48	4	3	51
5	21	48	5	14	29	5	3	28
6	21	40	6	14	11	6	3	5
7	21	30	7	13	53	7	2	43
8	21	20	8	13	32	8	2	18
9	21	8	9	13	4	9	1	55
10	21	0	10	12	54	10	1	31
11	20	49	11	12	32	11	1	7
12	20	37	12	12	13	12	0	44
13	20	24	13	11	53	13	0	20
14	20	13	14	11	32	14	0	4
15	20	1	15	11	11	15	0	28
16	19	50	16	10	52	16	0	52
17	19	36	17	10	32	17	1	16
18	19	22	18	10	10	18	1	40
19	19	8	19	9	49	19	2	3
20	18	55	20	9	28	20	2	26
21	18	41	21	9	7	21	2	42
22	18	25	22	8	45	22	3	13
23	18	10	23	8	22	23	3	37
24	17	56	24	8	0	24	4	0
25	17	40	25	7	38	25	4	24
26	17	23	26	7	17	26	4	48
27	16	7	27	6	55	27	5	12
28	16	50	28	6	32	28	5	34
29	16	32	29	6	8	29	5	56
30	16	16	30	5	55	30	6	19
31	15	59	31	5	22			

TROISIESME ANNEE.

Octobre.			Nouembre.			Decembre.		
iou.	*de.*	*mi.*	*iou.*	*de.*	*mi.*	*iou.*	*de.*	*mi.*
1	6	43	1	17	18	1	23	4
2	7	6	2	17	34	2	23	9
3	7	29	3	17	50	3	23	15
4	7	51	4	18	7	4	23	18
5	8	14	5	18	23	5	23	22
6	8	37	6	18	39	6	23	26
7	9	0	7	18	55	7	23	28
8	9	22	8	19	10	8	23	29
9	9	43	9	19	25	9	23	31
10	10	5	10	19	39	10	23	32
11	10	27	11	19	52	11	23	33
12	10	49	12	20	6	12	23	33
13	11	10	13	20	19	13	23	33
14	11	23	14	20	31	14	23	33
15	11	53	15	20	44	15	23	32
16	12	14	16	20	56	16	23	31
17	12	34	17	21	8	17	23	28
18	12	55	18	21	19	18	23	25
19	13	15	19	21	30	19	23	21
20	13	35	20	21	40	20	23	18
21	13	55	21	21	50	21	23	14
22	14	15	22	21	59	22	23	10
23	14	34	23	22	8	23	23	5
24	14	53	24	22	17	24	23	0
25	15	12	25	22	25	25	22	54
26	15	31	26	22	34	26	22	49
27	15	49	27	22	4	27	22	42
28	16	8	28	22	47	28	22	35
29	16	26	29	22	54	29	22	27
30	16	44	30	23	0	30	22	18
31	17	3				31	22	9

La declinaison du Soleil.

L'AN DE BISSEXTE.

Ianuier.			Feurier.			Mars.		
iours	*degr*	*min.*	*iours*	*degr*	*min.*	*iours*	*degr*	*min.*
1	21	58	1	14	16	1	3	35
2	21	49	2	13	56	2	3	11
3	21	39	3	13	38	3	2	4
4	21	29	4	13	15	4	2	24
5	21	19	5	12	55	5	2	0
6	21	9	6	12	34	6	1	36
7	21	0	7	12	13	7	1	12
8	20	46	8	11	52	8	0	48
9	20	31	9	11	32	9	0	24
10	20	19	10	11	9	10	0	1
11	20	7	11	10	47	11	0	23
12	19	52	12	10	25	12	0	4
13	19	39	13	10	3	13	1	20
14	19	26	14	9	41	14	1	34
15	19	12	15	9	19	15	1	58
16	18	58	16	8	57	16	2	21
17	18	43	17	8	35	17	2	45
18	18	25	18	8	13	18	3	8
19	18	9	19	7	49	19	3	32
20	17	52	20	7	26	20	3	55
21	17	36	21	7	4	21	4	18
22	17	20	22	6	41	22	4	40
23	17	2	23	6	18	23	5	4
24	16	46	24	5	54	24	5	27
25	16	28	25	5	31	25	5	50
26	16	11	26	5	8	26	6	12
27	15	50	27	4	44	27	6	35
28	15	32	28	4	20	28	6	57
29	15	13	29	3	58	29	7	20
30	14	53				30	7	42
31	14	34				31	8	4

L'AN DE BISSEXTE.

Auril.			May.			Iuin.		
iou.	*de.*	*mi.*	*iou.*	*de.*	*mi,*	*iou*	*de.*	*mi.*
1	8	26	1	17	56	1	23	10
2	8	49	2	18	12	2	23	15
3	9	11	3	18	27	3	23	17
4	9	32	4	18	42	4	23	18
5	9	52	5	18	56	5	23	23
6	10	13	6	19	10	6	23	26
7	10	34	7	19	23	7	23	28
8	10	55	8	19	36	8	23	29
9	11	16	9	19	47	9	23	30
10	11	37	10	20	2	10	23	31
11	11	57	11	20	15	11	23	32
12	12	17	12	20	27	12	23	33
13	12	38	13	20	37	13	23	33
14	12	57	14	20	50	14	23	33
15	13	18	15	21	1	15	23	31
16	13	36	16	21	12	16	23	29
17	13	56	17	21	23	17	23	27
18	14	15	18	21	32	18	23	25
19	14	36	19	21	41	19	23	23
20	14	53	20	21	51	20	23	20
21	15	9	21	22	0	21	23	15
22	15	27	22	22	7	22	23	11
23	15	46	23	22	16	23	23	7
24	16	4	24	22	23	24	23	3
25	16	20	25	22	31	25	22	57
26	16	37	26	22	37	26	22	50
27	16	54	27	22	44	27	22	45
28	17	10	28	22	50	28	22	38
29	17	27	29	22	56	29	22	31
30	17	42	30	23	1	30	22	24
			31	23	6			

L'AN DE BISSEXTE.

Iuillet.			Aoust.			Septembre.		
iou.	de.	mi.	iou.	de.	mi.	iou.	de.	mi.
1	22	16	1	15	12	1	4	42
2	22	8	2	15	12	2	4	18
3	22	0	3	14	52	3	3	55
4	21	51	4	14	33	4	3	32
5	21	42	5	14	15	5	3	10
6	21	32	6	13	56	6	2	46
7	21	23	7	13	38	7	2	24
8	21	12	8	13	17	8	2	0
9	21	1	9	12	58	9	1	36
10	20	52	10	12	39	10	1	12
11	20	45	11	12	20	11	0	49
12	20	37	12	12	0	12	0	26
13	20	15	13	11	40	13	0	2
14	20	4	14	11	18	14	0	22
15	19	5	15	10	57	15	0	36
16	19	37	16	10	36	16	1	10
17	19	25	17	10	15	17	1	34
18	19	11	18	9	54	18	1	58
19	18	57	19	2	33	19	2	21
20	18	42	20	9	11	20	2	45
21	18	27	21	8	50	21	3	8
22	18	13	22	8	27	22	3	30
23	17	57	23	8	5	23	3	54
24	17	40	24	7	43	24	4	18
25	17	25	25	7	22	25	4	42
26	17	10	26	7	0	26	5	5
27	16	54	27	6	37	27	5	28
28	16	36	28	6	14	28	5	52
29	16	19	29	5	51	29	6	15
30	16	2	30	5	28	30	6	36
31	15	45	31	5	14			

L'AN DE BISSEXTE.

Octobre.			Nouembre.			Decembre.		
iou.	*de.*	*mi.*	*iou.*	*de.*	*mi.*	*iou.*	*de.*	*mi.*
1	7	0	1	17	32	1	23	8
2	7	23	2	17	48	2	23	13
3	7	46	3	18	5	3	23	16
4	8	7	4	18	22	4	23	20
5	8	30	5	18	37	5	23	28
6	8	53	6	18	57	6	23	27
7	9	14	7	19	5	7	23	29
8	9	36	8	19	2	8	23	30
9	9	58	9	19	36	9	23	31
10	10	20	10	19	5	10	23	32
11	10	42	11	20	3	11	23	33
12	11	4	12	20	13	12	23	33
13	11	25	13	20	29	13	23	33
14	11	47	14	20	41	14	23	32
15	12	8	15	20	53	15	23	31
16	12	29	16	21	5	16	23	29
17	12	42	17	21	10	17	23	27
18	13	10	18	21	27	18	23	24
19	13	31	19	21	38	19	23	21
20	13	51	20	21	47	20	23	16
21	14	11	21	1	56	21	23	10
22	14	31	22	22	6	22	23	5
23	14	59	23	22	15	23	23	15
24	15	9	24	22	24	24	22	55
25	15	28	25	22	32	25	22	49
26	15	47	26	22	39	26	22	42
27	16	52	27	22	45	27	22	35
28	16	22	28	22	53	28	22	27
29	16	40	29	22	59	29	22	19
30	16	57	30	23	4	30	22	11
31	17	15				31	22	2

Fin des Tables.

S'ensuiuent les Signes des moys & iours de l'année, pour sçauoir se gouuerner tant par minuicts que par pointes du iour.

Ianuier.

EN la my Ianuier, gardes à l'est minuict, au nort aube du iour. A la fin de Ianuier, gardes à l'est quart de nordest minuict, gardes au nord quart de noroest aube du iour.

Feurier.

En la my Feurier, gardes au nordest quart de l'est minuict, gardes au nord aube du iour. A la fin de Feurier, gardes au nordest minuict, gardes au nord quart de noroest aube du iour.

Mars.

En la my-Mars, gardes au nordest quart de nord minuict, gardes au noroest quart de nord aube du iour. A la fin de Mars, gardes au nord quart de nordest minuict gardes au suroest aube du iour.

Auril.

En la my-Auril, gardes au nord minuict, gardes au noroest aube du iour. A la fin d'Auril, gardes au nord quart de noroest minuict, gardes au noroest quart de oest aube du iour.

May.

En la my-May, gardes au noroest quart de nord minuict, gardes à l'oest quart de noroest aube du iour. A la fin de May, gardes au noroest minuict, gardes à l'oest aube du iour.

Iuin.

En la my-Iuin, gardes au noroest quart de l'oest minuict, gardes à l'oest aube du iour. A la fin de Iuin, gardes à l'oest quart de noroest minuict, gardes au sud quart de suroest aube du iour.

Iuillet.

En la my-Iuillet, gardes à l'oest minuict, gardes au suroest quart de sud aube du iour. A la fin de Iuillet, gardes à l'oest quart du suroest minuict, gardes au sud quart de suroest aube du iour.

Aoust.

En la my-Aoust, gardes au suroest quart de l'oest minuict, gardes au sud aube du iour. A la fin d'Aoust, gardes au suroest minuict, gardes au sud quart de suroest aube du iour.

Septembre.

En la my-Septembre, gardes au suroest quart de sud minuict, gardes au suest quart de sud aube du iour. A la fin de Septembre, gardes au sud quart de suroest minuict, gardes au suest aube du iour.

Octobre.

En la my-Octobre, gardes au sud minuict, gardes au suest quart de l'est aube du iour. A la fin d'Octobre, gardes au sud quart de suest minuict, gardes à l'est quart de suest aube du iour.

Nouembre.

En la my-Nouembre, gardes au suest quart de sud minuict, gardes à l'est quart de nordest aube du iour. A la fin de Nouembre, gardes au suest minuict, gardes au nordest quart de l'est aube du iour.

Decembre.

En la my-Decembre, gardes au suest quart de l'est minuict, gardes au nordest quart de nord aube du iour & commence la minuict à amoindrir. A la fin de Decembre, gardes à l'est quart de suest minuict, gardes au nord quart de nordest aube du iour.

FIN.

S'ensuit la table de ce present liure, pour trouuer diligemment les choses qu'il faut sçauoir à chacun maistre Pillote qui va par mer: pour se garder des lieux dangereux.

SCaches que les éntrées de Leuant, sont à la page 3.
Les routes de Leuant, page 6.
Les routes de Bayonne iusques à Caliz. page 7.
Les entrées des ports d'Espagne tout au long, page 9.
Les sondes d'Espagne, page 9.
Les lieues d'Espagne, page 21.
Les marées d'Espagne à la coste de Flandres, page 23.
Les trauerses d'Espagne, page 26.
Les routes de France & Bretagne, page 28.
Les routes de Outanant à Normandie & Picardie, p. 34.
Les lieues de Normandie & Picardie, page 38.
Les cours de Lirlesse iusques à Calais, page 38.
Les sondes de France & Bretagne, page 39.
Les entrées de France & Bretagne, page 43.
Les lieues de la Flandre iusques à Pichilinges, page 55.
Les marées de la coste de Flandres, page 55.
Les cours de Pichilinges iusques à L'estrecho, page 56.
Les routes d'Angleterre & de Surlinge à Tened, pag. 57.
Les marées d'Angleterre, page 59.
Les cours de la coste d'Angleterre, page 61.
Les lieués de la coste d'Angleterre, page 61.
Les trauerses de la coste d'Angleterre, page 62.
Les entrées d'Angleterre, page 65.
Les cognoissances de la coste d'Angleterre, page 68.
Les routes de Sain à Surlinge iusques à Bristol, p. 70.
Les sondes de la manche de Bristol. page 71.
Les marées de la manche de Bristol, page 72.
Les cours de la manche de Bristol, page 75.

Les marées de la coste de Galles, page 74.
Les marées de la coste de l'estroit de Gibaltar, page 75.
Les marées de la basse Bretagne, page 75.
Les entrees de la manche de Bristol, page 76.
Les entrees des ports de Galles & Mirafurde, page 78.
Les sondes de Cisange pour aller au boucament d'Angleterre, page 78.
Les sondes en venant de Turiane pour aller à Surlinge, page 82.
Les sondes d'Irlande & des Isles de Saltes, page 84.
Les trauerses de Sain à Surlinge, page 86.
Les routes d'Irlande, page 86.
Les marees d'Irlande, page 89.
Les cours des Islés de Saltes, page 90.
Les cognoissances & entrees des ports d'Irlande, p. 90.
Les routes & entrees des Isles de Saltes à l'Isle de Laubay, page 95.
Les trauerses des Isles de Saltes, page 97.
Les cours au long de la coste de Galles, page 99.
Les lieues des Isles de Saltes iusques à cap de Qu'il, page 100.
Les degrez de toutes terres, page 101.
Le restant de terre neufue commence à page 103. & dure iusques à la fin de ce present liure.

Fin de ceste presente Table.

La declinaison du Soleil par chacun an, selon la reformation du Calendrier qui fut fait l'an mil cinq cens quatre-vingt deux.

IANVIER.

	1. Ann.		2. Ann.		3. Ann.		4. Ann. b.	
iours	*degr*	*min.*	*degr*	*min.*	*degr*	*min.*	*degr*	*min.*
1	23	5	23	7	23	10	23	10
2	23	0	23	2	23	6	23	5
3	22	55	22	56	22	58	23	0
4	22	49	22	50	22	52	22	54
5	22	42	22	44	22	45	22	49
6	22	35	22	37	22	38	22	41
7	22	27	22	30	22	30	22	35
8	22	19	22	22	22	22	22	27
9	22	11	22	14	22	14	22	18
10	22	2	22	5	22	6	22	9
11	21	52	21	54	21	57	21	58
12	21	2	21	45	21	48	21	49
13	21	32	21	35	21	38	21	39
14	21	33	21	25	21	28	21	29
15	21	10	21	14	21	18	21	19
16	20	0	21	3	21	6	21	9
17	20	48	20	51	20	55	21	0
18	20	35	20	8	20	33	20	46
19	20	22	20	26	20	31	20	31
20	20	10	20	13	20	16	20	19
21	19	57	20	0	20	5	20	7
22	19	42	19	46	19	51	19	52
23	19	28	19	33	19	37	19	39
24	19	13	19	18	19	24	19	26
25	19	0	19	4	19	10	19	22
26	18	45	18	49	18	56	18	58
27	18	28	18	34	18	38	18	42
28	18	13	18	18	18	20	18	25
29	17	57	18	1	18	4	18	9
30	17	40	17	44	17	50	17	52
31	17	22	17	28	17	32	17	36

FEVRIER.

	1. Ann.		2. Ann,		3. Ann.		4. Ann.	5°
iou.	de.	mi	de.	mi.	de.	mi.	de.	mi.
1	17	5	17	12	17	15	17	20
2	16	48	16	55	16	58	17	2
3	16	30	16	36	16	40	16	46
4	16	13	16	19	16	22	16	28
5	15	55	16	0	16	4	16	11
6	15	37	15	40	15	46	15	50
7	15	16	15	22	15	28	15	32
8	15	1	15	3	15	9	15	13
9	14	43	14	44	14	48	14	53
10	14	21	14	24	14	29	14	34
11	14	0	14	6	14	0	14	16
12	13	40	13	46	13	10	13	56
13	13	20	13	26	13	30	13	38
14	13	0	13	6	13	10	13	15
15	12	39	12	46	12	50	12	55
16	12	18	12	26	12	29	12	34
17	11	58	12	5	12	9	12	13
18	11	37	11	44	11	48	11	52
19	11	16	11	22	11	27	11	32
20	10	54	11	0	11	5	11	9
21	10	31	10	39	10	44	10	47
22	10	10	10	17	10	22	10	52
23	9	47	9	55	10	0	10	3
24	9	26	9	33	9	38	9	41
25	9	4	9	11	9	16	9	19
26	8	41	8	49	8	54	8	57
27	8	19	8	27	8	31	8	35
28	7	57	8	4	8	9	8	13
							7	49

MARS.

	1. Ann.		2. Ann.		3. Ann.		4. Ann. b	
iou	de.	mi.	de.	mi.	de.	mi.	de.	mi.
1	7	34	7	41	7	42	7	24
2	7	12	7	18	7	22	7	6
3	6	49	6	55	6	58	6	41
4	6	26	6	32	6	36	6	18
5	6	2	6	8	6	13	5	54
6	5	39	5	44	5	50	5	31
7	5	15	5	21	5	27	5	8
8	4	51	5	57	5	3	4	44
9	4	28	4	23	4	40	4	20
10	4	4	4	10	4	15	3	58
11	3	41	3	47	3	54	3	35
12	3	18	3	23	3	31	3	11
13	2	54	3	59	3	6	2	48
14	2	31	2	35	2	44	2	24
15	2	7	2	12	2	19	2	0
16	1	44	1	48	1	56	1	31
17	1	20	1	24	1	30	1	12
18	0	56	1	0	1	6	0	48
19	0	32	0	36	0	52	0	24
20	0	9	0	12	0	19	0	1
21	0	15	0	12	0	5	0	13
22	0	39	0	34	0	28	0	47
23	1	3	1	0	0	52	1	10
24	1	27	1	23	1	16	1	34
25	1	51	1	46	1	40	1	58
26	2	15	2	9	2	4	2	21
27	2	38	2	42	2	27	2	45
28	3	2	2	56	2	51	2	8
29	3	15	3	19	3	14	3	32
30	3	47	3	43	3	37	3	55
31	4	10	4	6	4	0	4	18

AVRIL.

	1. Ann.		2. Ann.		3. Année.		4. Ann. b.	
iours	*degr*	*min.*	*degr*	*min.*	*degr*	*min.*	*deg*	*min.*
1	4	34	4	29	4	24	4	40
2	4	56	4	53	4	47	5	4
3	5	20	5	46	5	10	5	27
4	5	43	5	49	5	33	5	50
5	6	5	6	2	5	54	6	12
6	6	28	6	52	6	17	6	35
7	6	50	6	48	6	39	7	57
8	7	12	7	10	7	2	7	20
9	7	36	7	32	7	25	7	42
10	7	57	7	52	7	48	8	4
11	8	20	8	12	8	8	8	26
12	8	41	8	34	8	32	8	49
13	9	2	8	54	8	53	9	11
14	9	24	9	14	9	13	9	32
15	9	47	9	35	9	35	9	53
16	10	7	9	58	9	57	10	13
17	10	29	10	20	10	19	10	34
18	10	51	10	42	10	39	10	55
19	11	12	11	3	11	0	11	16
20	11	32	11	25	11	21	11	37
21	11	52	11	45	11	42	11	57
22	12	12	12	5	12	23	12	17
23	12	31	12	24	12	23	12	38
24	12	49	12	43	12	42	12	58
25	12	8	13	3	13	1	13	18
26	13	28	13	23	13	22	13	36
27	13	48	13	43	13	40	13	56
28	14	8	14	3	13	58	14	16
29	14	28	14	23	14	17	14	36
30	14	47	14	42	14	16	14	3

MAY.

	1. Ann.		2. Ann.		3. Ann.		4. Ann. b.	
iours	degr	min.	degr	min.	degr	min.	degr	min.
1	15	7	15	2	14	55	14	9
2	15	24	15	20	15	14	15	27
3	15	43	15	37	15	32	15	46
4	16	0	15	54	15	50	16	4
5	16	16	16	12	16	6	16	20
6	16	31	16	28	16	24	16	37
7	16	48	16	46	16	41	16	54
8	17	4	17	2	16	50	17	10
9	17	30	17	18	17	12	17	25
10	17	36	17	34	17	29	17	42
11	17	52	17	48	17	43	17	56
12	18	8	18	4	17	58	18	13
13	18	23	18	21	18	16	18	27
14	18	39	18	33	18	31	18	42
15	18	53	18	46	18	46	18	59
16	19	7	19	1	18	53	19	30
17	19	21	19	16	19	16	19	23
18	19	33	19	30	19	30	19	37
19	19	47	19	43	19	42	19	47
20	19	56	19	55	19	53	20	2
21	20	11	20	7	20	6	20	15
22	20	24	20	21	20	17	20	28
23	20	35	20	33	20	29	20	37
24	20	46	20	44	20	41	20	57
25	20	53	20	54	20	53	21	1
26	21	10	21	5	21	3	21	12
27	21	20	21	16	21	14	21	23
28	21	30	21	26	21	25	21	32
29	21	40	21	35	21	36	21	41
30	21	48	21	44	21	41	21	51
31	21	57	21	53	21	56	22	0

IVIN.

	1. Ann.		2. Ann.		3. Ann.		4. Ann. b.	
iou.	*de.*	*mi.*	*de.*	*mi,*	*de.*	*mi.*	*de.*	*mi.*
1	22	5	22	2	22	1	22	7
2	22	13	22	10	22	10	22	16
3	22	21	22	19	22	18	22	23
4	22	28	22	26	22	25	22	31
5	22	36	22	33	22	33	22	37
6	22	41	22	40	22	37	22	44
7	22	45	22	46	22	54	22	50
8	22	54	22	53	22	52	22	56
9	23	0	22	58	22	58	23	1
10	23	4	23	3	23	2	23	6
11	23	8	23	8	23	6	23	10
12	23	12	23	13	23	11	23	15
13	23	16	23	16	23	15	23	17
14	23	20	23	19	23	18	23	20
15	23	23	23	22	23	21	23	23
16	23	26	23	25	23	24	23	26
17	23	28	23	27	23	27	23	28
18	23	20	23	29	23	29	23	29
19	23	31	23	30	23	30	23	30
20	23	33	23	31	23	31	23	31
21	23	33	23	32	23	32	23	32
22	23	33	23	33	23	33	23	33
23	23	32	23	33	23	33	23	33
24	23	31	23	32	23	33	23	33
25	23	3[illegible]	23	31	23	31	23	3[illegible]
26	23	28	23	30	23	32	23	20
27	23	26	23	28	23	29	23	27
28	23	24	23	25	23	27	23	2[illegible]
29	23	21	23	21	23	24	23	23
30	23	19	23	18	23	21	23	2[illegible]

IVILLET.

	1. Ann.		2. Ann.		3. Ann.		4. Ann. b.	
iours	*degr*	*min.*	*degr*	*min.*	*degr*	*min.*	*degr*	*min.*
1	23	15	23	14	23	17	23	1
2	23	11	23	10	23	13	23	12
3	23	7	23	6	23	9	23	7
4	23	2	23	3	23	4	23	2
5	22	57	22	58	23	1	22	57
6	22	52	22	54	22	55	22	51
7	22	47	22	49	22	51	22	44
8	22	41	22	42	22	44	22	38
9	22	34	22	36	22	38	22	31
10	22	26	22	28	22	30	22	24
11	22	18	22	20	22	22	22	16
12	22	11	22	12	22	14	22	8
13	22	2	22	3	22	17	22	0
14	21	52	21	54	22	57	21	51
15	21	44	21	45	21	48	21	42
16	21	36	21	37	21	40	21	32
17	21	26	21	27	21	30	21	22
18	21	16	21	17	21	20	21	12
19	21	4	21	6	21	10	21	2
20	20	52	20	54	21	0	20	52
21	20	41	20	43	20	49	20	45
22	20	30	20	32	20	37	20	27
23	20	19	20	21	20	24	20	15
24	20	7	20	10	20	13	20	4
25	19	56	19	57	20	1	19	51
26	19	40	19	43	19	50	19	37
27	19	28	19	31	19	36	19	25
28	19	14	19	19	19	22	19	11
29	19	1	19	5	19	8	18	57
30	18	46	18	50	18	55	18	42
31	18	31	18	35	18	41	18	7

AOVST.

	1. Ann.		2. Ann,		3. Ann.		4. Ann.	5.
iou.	de.	mi	de.	mi.	de.	mi.	de	mi.
1	18	16	18	20	18	25	18	13
2	18	2	18	5	18	10	17	57
3	17	45	17	50	17	56	17	40
4	17	28	17	34	17	40	17	25
5	17	12	17	19	17	23	17	10
6	16	58	16	3	17	7	16	54
7	16	41	16	47	16	50	16	36
8	16	2	16	30	16	32	16	19
9	16	9	16	12	16	16	16	2
10	15	51	15	55	15	59	15	42
11	15	34	15	37	15	42	15	28
12	15	16	15	20	15	25	15	12
13	15	57	14	1	15	7	14	52
14	14	39	14	43	14	48	14	33
15	14	20	14	24	14	26	14	15
16	14	3	14	6	14	11	13	55
17	13	42	13	47	13	53	13	36
18	13	25	13	27	13	32	13	18
19	13	5	13	8	13	14	12	17
20	12	45	12	49	12	54	12	38
21	12	24	12	29	12	32	12	29
22	12	3	12	9	12	13	12	0
23	11	45	11	49	11	53	11	40
24	11	25	11	29	11	32	11	10
25	11	3	11	8	11	1	10	57
26	10	43	10	48	10	52	10	39
27	10	20	10	27	10	32	10	15
28	10	0	10	6	10	10	9	54
29	9	38	9	44	9	49	9	33
30	9	16	9	23	9	28	9	11
31	9	56	9	1	9	7	8	50

SEPTEMBRE.

	1. Ann.		2. Ann.		3. Ann.		4. Ann.	
iou	de.	mi.	de.	mi.	de.	mi.	de.	mi.
1	8	34	8	40	8	45	8	27
2	8	12	8	19	8	22	8	5
3	7	52	7	58	8	0	7	43
4	7	28	7	36	7	38	7	22
5	7	6	7	14	7	17	7	0
6	6	45	6	51	6	55	6	37
7	6	19	6	22	6	39	6	14
8	5	57	6	7	6	8	5	51
9	5	34	5	45	5	44	5	28
10	5	12	5	20	5	22	5	4
11	4	49	4	56	5	0	4	42
12	4	27	4	32	4	37	4	18
13	4	2	4	6	4	13	3	54
14	3	40	3	46	3	51	3	32
15	3	17	3	23	3	28	3	10
16	2	53	3	0	3	5	2	46
17	2	29	2	37	2	43	2	24
18	2	6	2	12	2	18	2	0
19	1	43	1	48	1	55	1	36
20	1	10	1	24	1	31	1	12
21	0	57	1	0	1	7	0	49
22	0	33	0	36	0	44	0	26
23	0	9	0	12	0	20	0	2
24	0	17	0	11	0	4	0	23
25	0	39	0	45	0	28	0	46
26	1	2	0	58	0	52	1	10
27	1	20	1	22	1	17	1	34
28	1	50	1	45	1	40	1	57
29	2	14	2	0	2	3	2	21
30	2	37	2	33	2	26	2	45

OCTOBRE.

	1. Ann.		2. Ann.		3. Année.		4. Ann. b.	
iours	*degr*	*min.*	*degr*	*min.*	*degr*	*min.*	*deg*	*min.*
1	3	1	2	56	2	43	3	8
2	3	25	3	20	3	13	3	30
3	3	48	3	45	3	37	3	54
4	4	12	4	7	4	0	4	18
5	4	35	4	30	4	24	4	42
6	4	58	4	53	4	48	5	9
7	5	22	5	16	5	12	5	28
8	5	45	5	39	5	34	5	52
9	6	8	6	2	6	56	6	1
10	6	42	6	25	6	19	6	37
11	6	55	6	48	6	43	7	0
12	7	17	7	11	7	6	7	23
13	7	41	7	39	7	29	7	36
14	8	2	7	56	7	51	8	7
15	8	24	8	19	8	14	8	30
16	8	28	8	34	8	37	8	53
17	9	8	9	4	9	0	9	14
18	9	30	9	26	9	22	9	36
19	9	52	9	48	9	45	9	58
20	10	14	10	10	10	5	10	20
21	10	36	10	31	10	27	10	42
22	10	58	10	53	10	49	11	4
23	11	22	11	15	11	10	11	25
24	11	51	11	37	11	13	11	47
25	12	2	11	58	11	53	12	8
26	12	24	12	19	12	24	12	29
27	12	45	12	38	12	34	12	42
28	13	5	12	59	12	55	13	13
29	13	26	13	20	13	14	13	31
30	13	46	13	40	13	31	13	51
31	14	6	13	0	13	55	14	11

NOVEMBRE.

	1. Ann.		2. Ann.		3. Ann.		4. Ann. b.	
iours	*degr*	*mi.*	*degr*	*min.*	*degr*	*min.*	*degr*	*min.*
1	14	26	14	20	14	15	14	31
2	14	45	14	39	14	34	14	50
3	15	5	14	58	14	53	15	9
4	15	24	15	17	15	12	15	28
5	15	44	15	36	15	31	15	47
6	16	2	15	54	15	49	16	5
7	16	20	16	12	16	8	16	22
8	16	37	16	32	16	26	16	40
9	16	54	16	49	16	44	16	57
10	17	10	17	7	17	3	17	14
11	17	28	17	25	17	18	17	32
12	17	45	17	41	17	34	17	48
13	18	0	17	57	17	50	18	5
14	18	16	18	14	18	7	18	22
15	18	30	18	29	18	23	18	37
16	18	47	18	46	18	29	18	53
17	19	1	18	0	18	55	19	7
18	19	19	19	15	19	10	19	22
19	19	34	19	29	19	25	19	36
20	19	48	19	42	19	39	19	50
21	20	0	19	56	19	52	20	3
22	20	14	20	11	20	6	20	17
23	20	26	20	23	20	19	20	29
24	20	39	20	36	20	31	20	41
25	20	50	20	48	20	44	20	53
26	21	2	20	0	20	56	21	5
27	21	13	21	12	21	8	21	16
28	21	25	21	24	21	19	21	27
29	21	36	21	35	21	30	21	38
30	21	45	21	45	21	40	21	47

DECEMBRE.

	1. Ann.		2. Ann.		3. Ann.		4. Ann. b.	
iou.	*de.*	*mi.*	*de.*	*mi,*	*de.*	*mi.*	*de.*	*mi.*
1	21	55	21	54	21	50	21	56
2	22	3	22	4	21	54	22	6
3	22	12	22	13	22	8	22	15
4	22	22	22	21	22	17	22	24
5	22	29	22	27	22	25	22	32
6	22	30	22	37	22	34	22	49
7	22	44	22	45	22	40	22	46
8	22	50	22	50	22	47	22	53
9	22	56	22	56	22	54	22	59
10	23	1	23	1	23	0	23	4
11	23	6	23	5	23	4	23	8
12	23	11	23	10	23	9	23	12
13	23	15	23	14	23	15	23	16
14	23	19	23	18	23	18	23	20
15	23	22	23	22	23	22	23	24
16	23	26	23	25	23	25	23	27
17	23	28	23	27	23	28	23	26
18	23	30	23	29	23	29	23	30
19	23	31	23	31	23	31	23	31
20	23	32	23	32	23	32	23	32
21	23	33	23	33	23	33	23	33
22	23	33	23	33	23	33	23	33
23	23	33	23	33	23	33	23	33
24	23	32	23	32	23	32	23	32
25	23	31	23	31	23	31	23	31
26	23	30	23	30	23	30	23	2[illegible]
27	23	28	23	28	23	28	23	27
28	23	25	23	25	23	25	23	24
29	23	22	23	22	23	21	23	2[illegible]
30	23	17	23	18	23	18	23	16
31	23	12	23	12	23	14	23	10

Sentance donnée de Messieurs les gens tenãs l'Admirauté de France au Siege general de la Table de marbre du Palais à Roüen, à l'encontre de ceux qui feront les mutins & blasphemeront le nom de Dieu dans les Nauires & offenceront leurs Maistres.

ENRY Duc de Montmorency & de Dempuille, Pair & Admiral de France, de Guyenne & de Bretagne, Gouuerneur & Lieutenant general pour le Roy en Languedoc, Sçauoir faisons, que au iourd'huy datte de ces presentes deuant les gens tenans l'Admirauté de France au Siege general de la Table de marbre du Palais à Roüen, Veu & deliberé la plainte renduë en ce Siege le sixiéme iour de ce present mois par Michel Daguebert Capitaine de Nauire nommé le Signe blanc de Calais, à l'encontre de Martin Belleuault l'vn des Compagnons de son équipage, pour iniures, menaces, & violences à luy commises par ledit Belleuault, au bas de laquelle Mandement luy auoit esté accordé pour faire assigner tesmoings aux fins de ladite preuue, Relation de Fortin Huissier en cedit Siege du sixiéme de ce mois, Information sur ce faite par les Conseillers Commissaires à ce deputez, Mandement de prinse de corps decreté contre ledit Belleuault dudit iour, Autre ordonnance dudit iour & an, Relation du Febure Huissier en cedit Siege du huictiéme de ce present mois, Examen de bouche presté par deuant lesdits Conseillers Commissaires par ledit Belleuault, au bas duquel est la repetition & confrontation desdits tesmoins contre luy du huictiéme de ce mois, Conclusion du Procureur du Roy du iour d'hyer estant au bas de ladite Information, Et ouy le rapport du Conseiller Commissaire à ce deputé, IL EST dit que pour le cas resultant dudit procez dont ledit Belleuault est declaré deüemẽt attaint & conuaincu, Il a esté & est condamné en six liures d'amende enuers le Roy, Et à comparoir à la Chambre du Conseil presence dudit Daguebert, auquel il dira ces mots, Que temerairement & indiscretement il s'est addressé à luy & l'a iniurié, luy demandera pardon de ladite offence, Et deffences à luy faites & à tous autres compagnons de commettre à l'aduenir telles insolences ny blasphémes sur peine de punition corporelle, Et à luy enioint de bien & fidellement seruir ledit Daguebert son Capitaine, Et deffences faites audit Belleuault de s'attaquer à luy en faict ny en dit sur les mesmes peines que dessus, Cõdamné aux despens enuers ledit Daguebert de ladite prinse & poursuite, reseruez à taxer pour les bailler par bref memoire, Et taxé audit Conseiller Commissaire pour son salaire d'auoir veu lesdites pieces d'icelles, fait son rapport & dressé la minute de ces presentes, la somme de deux escus, Et aux gens du Roy demy escu, à prendre & auoir sur ledit Daguebert, sauf son recours qui luy a esté & est dés à present adiugé sur ledit Belleuault. SI DONNONS en mandement au premier Huissier ou Sergeant de ladite Admirauté, ou autre Sergeant Royal sur ce requis ces presentes executer, Ladite sentence prononcée audit Daguebert & Belleuaut prisonnier en la Conciergerie du Palais, par nous pour cét effect enuoyé querir par maistre Iacques Fortin Huissier en ce Siege, suiuant laquelle ledit Belleuault en presence dudit Daguebert, Fortin Huissier, ensemble de Iean Hardoüin maistre de Nauire de Calais, Nicolas Pihou autre maistre de Nauire demeurant à Bologne, & Guillaume du Clos le ieune bourgeois de ceste ville, Que temerairement & indiscretement il s'estoit addressé audit Daguebert maistre de Nauire, le prioit de luy pardonner les insolences, iniures & blasphémes du nom de Dieu par luy cõmises, accordoit à l'aduenir se comporter suiuant ladite sentence, Ce qu'il a promis & iuré faire, A laquelle satisfaction ledit Daguebert s'est contenté aux charges portées par ladite sentence. Fait à Roüen ce dixiéme iour de Feurier mil six cens seize. Fait comme dessus. Signé de la Faye & Montien chacun vn paraphe. Et scellé de cire rouge. Et plus bas est escrit

Collation faite sur l'original en parchemin dont la copie est cy-dessus transcrite par moy Iacques Fortin Huissier du Roy en son Admirauté de France au Siege general de la Table de marbre du Palais à Roüen ce iourd'huy Lundy quinziesme iour de Feurier mil six cens seize, à la requeste de Guillaume du Clos le ieune Facteur pour les marchans & maistres des Nauires demeurant en ceste ville de Roüen, pour luy valoir & seruir qu'il ainsi appartiendra apres laquelle collation faite, ledit original rendu en presence de Robert Desmarets & autres. Signé Fortin, chacun vn paraphe.

Collation faite sur ladite copie en papier cy-dessus transcrite par moy Romain Eger Huissier du Roy en son Admirauté de France audit Siege general de la Table de marbre du Palais audit Roüen ce vingt-septiéme iour de Mars mil six cens trente-vn, à la requeste dudit Guillaume du Clos ṣnommé, pour luy valoir & seruir ainsi qu'il appartiendra, apres laquelle collation ladite copie à luy rendue en presence de Robert Baillet & autres. *Signé* EGER.

www.ingramcontent.com/pod-product-compliance
Ingram Content Group UK Ltd.
Pitfield, Milton Keynes, MK11 3LW, UK
UKHW022106190726
13855UKWH00002B/676

9 782013 050685